Delicias de cocina de sémola

Descubre la versatilidad de la sémola con 100 recetas deliciosas y fáciles de preparar para cada ocasión

María Soledad Sanchez

Copyright Material © 2023

Reservados todos los derechos

Ninguna parte de este libro se puede usar o transmitir de ninguna forma o por ningún medio sin el debido consentimiento por escrito del editor y del propietario de los derechos de autor, a excepción de las breves citas utilizadas en una reseña. Este libro no debe considerarse un sustituto del asesoramiento médico, legal o profesional.

TABLA DE CONTENIDO

TABLA DE CONTENIDO	3
INTRODUCCIÓN	7
RECETA BÁSICA	8
1. Masa básica de sémola	9
2. Pasta básica de sémola	11
DESAYUNO	13
3. Waffles dorados con frutas tropicales	14
4. Focaccia de sémola	17
5. Máquina de dolor de mie	20
6. Desayuno con sémola al curry	22
7. Tortitas de sémola y carambola	25
8. Pastelitos de tostadas francesas	27
9. Deliciosos waffles de arándanos	30
10. Panqueques de plátano y arándanos	32
11. Waffles de arándanos besados con limón	34
12. bollos de arándanos y limón	36
13. Rosquillas de cuajada de yuzu	38
14. bollos de yuzu	41
15. Tortitas de calabaza y naranja	43
16. Crepes Yuzu	45
17. Cerdo a la barbacoa con crêpes de maíz	48
18. Pan de sémola con semillas de sésamo negro	52
19. Tarta de sémola de fresa y limón	55
20. Pan dorado de sémola	58
APERITIVOS	60
21. Sémola Dhokla	61

22. Magdalenas de chocolate Kirsch	64
23. Magdalenas De Zanahoria	66
24. Pastelitos de ron y pasas	68
25. pastelitos de chocolate caliente	71
26. Muffins de banana crujiente	73
27. Muffins de coco y limón	75
28. pastelitos de tostadas francesas	77
29. Barras de crema irlandesa	80
30. Barras giratorias de plátano	82
31. Cuadrados de caramelo de tocino confitado	84
32. Pierogi de arándanos	87
33. Barras de migas de arándanos	90
34. Bombones de sémola	92
35. Galletas de sémola Linzer	94
36. Galletas de mantequilla de sémola	98
37. Finikia (galletas de sémola y miel)	101
38. Dosas de sémola con semillas de comino	104
39. Galletas de sémola con motas de vegetales	106

PLATO PRINCIPAL 109

40. Patatas asadas crujientes sin aceite	110
41. Sémola con Verduras	112
42. Pizza de sémola al estilo indio	115
43. Ensalada de frutas esponjosa	117
44. Ensalada cremosa de frutas congeladas	119
45. Gross-suppe (sopa de sémola)	121
46. Cazuela de pollo con queso y arroz con brócoli	123
47. Cuscús marroquí	126

PASTA 129

48. Gnocchetti con gambas y pesto	130

49. Fetucine al vino tinto y aceitunas	133
50. Ñoquis de sémola	135
51. Ñoquis de sémola con anchoas, ajo y romero	137
52. Linguini de sémola con salsa marinara simple	140
53. Pasta casera con salsa de tomates cherry	142

POSTRE — 144

54. Postre de fantasía de manzana	145
55. Safra (Pastel de sémola y dátiles)	147
56. Soufflé de albaricoque y pistacho	150
57. Soufflé de limón caído	152
58. Pastel de tres leches	155
59. Tarta de queso española	158
60. Tarta de chocolate negro malvada	160
61. Brownies de queso crema	163
62. Brownies de chocolate con avellanas	165
63. Dulce de almendras sin hornear	168
64. Barras de proteína Red Velvet Fudge	170
65. Brownies helados de moca	172
66. brownie de manzana	174
67. Barras de dulce de mantequilla de maní	176
68. Brownies de calabacín favoritos	179
69. Brownies De Chocolate De Malta	181
70. Fudge de té verde Matcha	183
71. Brownies de pan de jengibre	185
72. Galletas de anís	187
73. Galletas con chispas de chocolate	189
74. Dulces galletas verdes	191
75. Galletas con trozos de chocolate	193
76. Galletas de aperitivo de queso	195

77. Galletas de azúcar de almendras	197
78. Galletas de azúcar con glaseado de crema de mantequilla	199
79. Galletas de azúcar brickle de almendras	202
80. Galletas de azúcar Amish	204
81. Galletas de azúcar de manteca de cerdo básicas	206
82. Galletas de canela y azúcar	208
83. Galletas de azúcar agrietadas	210
84. Galletas de azúcar de nuez	212
85. Tarta de suero de leche de arándanos	214
86. Pastel de harina de maíz y arándanos	217
87. Cebo del chico de los arándanos	220
88. Zapatero de bayas mixtas con galletas de azúcar	222
89. Tarta de nueces con crema de moras	225
90. Torta oriental de sémola	229
91. Pastelitos de sémola rellenos de nueces, estilo chipre	231
92. Natillas de sémola con salsa de ron y pasas	233
93. Budín de sémola	236
94. Sémola con manzanas y caramelo	238
95. Pastel de sémola dulce con sirope de limón)	240
96. Postre de sémola y leche	243
97. Halva (caramelo de sémola)	245
98. Budino de sémola con compota de bayas	247
99. Sémola de azafrán y helva de pistacho	249
100. Pudín griego de sémola	251

CONCLUSIÓN   253

INTRODUCCIÓN

Bienvenido al Libro de cocina con sémola, un delicioso viaje por el mundo de los platos a base de sémola. En este libro de cocina, descubrirá 100 deliciosas recetas que muestran la versatilidad de este amado ingrediente. Desde la polenta cremosa hasta el abundante cuscús, la sémola es un alimento básico en muchas cocinas de todo el mundo. Ya sea que sea un fanático de los platos de pasta italiana o de los tajines marroquíes, seguramente encontrará una receta que satisfará sus antojos.

Cada receta de este libro de cocina va acompañada de una foto a todo color, para que puedas ver exactamente cómo se verá tu plato. También encontrarás útiles consejos y trucos para cocinar con sémola, así como sugerencias para maridar cada plato con el vino perfecto.

Entonces, ¿por qué esperar? ¡Toma una bolsa de sémola y comencemos a cocinar!

RECETA BÁSICA

1. **Masa Básica De Sémola**

INGREDIENTES

- 2 1/2 tazas de harina para todo uso, y más para espolvorear
- 1 3/4 tazas de sémola
- 1 1/4 tazas de agua

INSTRUCCIONES

a) Combine la harina, la sémola y el agua en el tazón de una batidora de pie equipada con el accesorio de paleta y mezcle a baja velocidad hasta que la masa se una.

b) Apague la batidora, retire el accesorio de paleta y reemplácelo con el gancho para masa. Raspe los lados del tazón y bata la masa con el gancho para masa a velocidad media hasta que se forme una bola, aproximadamente 5 minutos. Espolvorea una superficie de trabajo plana con harina.

c) Voltee la masa sobre la superficie espolvoreada y amase suavemente durante 20 a 25 minutos, hasta que la bola comience a sentirse elástica y la superficie de la masa se sienta suave y sedosa.

d) Envuelva la masa en una envoltura de plástico y refrigere para que descanse durante al menos 45 minutos y hasta toda la noche antes de cubrirla.

2. Pasta básica de sémola

Rinde: 1 porciones

INGREDIENTES:
- 1 taza de sémola Duram
- 1 huevo
- 1 cucharada de aceite vegetal
- 1 cucharada de agua

INSTRUCCIONES
a) Procesar en un procesador de alimentos o amasar a mano.

DESAYUNO

3. Gofres Dorados con Frutas Tropicales

Hace: Hace 4 gofres

INGREDIENTES
MANTEQUILLA DE DÁTILES
- 1 barra de mantequilla sin sal, temperatura ambiente
- 1 taza de dátiles picados gruesos

GOFRES
- 1 1/2 tazas de harina para todo uso
- 1 taza de harina de sémola molida gruesa
- 1/4 taza de azúcar granulada
- 2 1/2 cucharaditas de polvo de hornear
- 1/2 cucharadita de bicarbonato de sodio
- 3/4 cucharadita de sal gruesa
- 1 3/4 taza de leche entera, temperatura ambiente
- 1/3 taza de crema agria, temperatura ambiente
- 1 barra de mantequilla sin sal, derretida
- 2 huevos grandes, temperatura ambiente
- 1 cucharadita de extracto puro de vainilla
- Aerosol de cocina de aceite vegetal
- Rodajas de kiwi y cítricos, pistachos picados y jarabe de arce puro, para servir

INSTRUCCIONES

a) Mantequilla de dátiles: Pulse la mantequilla y los dátiles en un procesador de alimentos, raspando los lados varias veces, hasta que quede suave y combinado. La mantequilla de dátiles puede prepararse hasta con una semana de anticipación y guardarse en el refrigerador; llevar a temperatura ambiente antes de usar.

b) Waffles: mezcle las harinas, el azúcar, el polvo de hornear, el bicarbonato de sodio y la sal en un tazón grande. En un recipiente aparte, mezcle la leche, la crema agria, la mantequilla, los huevos y la vainilla. Batir la mezcla de leche en la mezcla de harina solo para combinar.

c) Precaliente una plancha para gofres. Cubrir con una fina capa de aceite en aerosol. Vierta 1 1/4 tazas de masa por waffle en el centro de la plancha, permitiendo que se extienda casi hasta los bordes. Cierre la tapa y cocine hasta que estén doradas y crujientes, de 6 a 7 minutos. Retire de la plancha y mezcle rápidamente entre sus manos varias veces para liberar vapor y ayudar a mantener la textura crujiente, luego transfiéralo a una rejilla de alambre colocada en una bandeja para hornear con borde; mantener caliente en un horno a 225 grados hasta que esté listo para servir. Repita el revestimiento de la plancha con más aceite en aerosol entre lotes. Sirva con mantequilla de dátiles, frutas, pistachos y almíbar.

4. Focaccia de sémola

INGREDIENTES:
- 16 onzas de harina para todo uso
- 4 onzas de sémola (harina de trigo duro)
- 1 paquete de levadura seca
- 2 cucharaditas de azúcar
- 2 cucharaditas de sal
- 2 tazas de agua tibia (105–110 °F)
- 1/2 taza de aceite de oliva virgen extra

COBERTURAS
- Una lata de tomates de 14 onzas
- 2–3 cucharaditas de orégano seco
- 2 cucharadas de alcaparras
- 1/2 aceitunas verdes o negras (opcional, pero muy recomendable)

INSTRUCCIONES:
a) Precaliente el horno a 400°F
b) En un tazón grande, combine la harina, la levadura, el azúcar y la sal, y mezcle bien. Agregue lentamente el agua y comience a mezclar con las manos, rompiendo los grumos. Cuando la masa esté suave (debe estar casi líquida), cúbrala con una toalla (y una manta caliente si la habitación está fresca) y déjela crecer durante 1-1/2 horas en un lugar cálido. La masa debe duplicar su tamaño y tener burbujas al final de la leudada. Si desea una focaccia más espesa, deje que la masa suba durante 1/2 hora adicional.
c) Prepare tres platos para hornear de 9 pulgadas o una bandeja para hornear galletas de 17 × 13 pulgadas. Extienda el aceite de oliva en el fondo y los lados de la(s) sartén(es), sin dejar áreas secas.
d) Vierta la masa de focaccia en la sartén y extiéndala uniformemente. Extienda los tomates enlatados sobre la superficie de la masa, espolvoree con orégano y alcaparras (y aceitunas, si lo desea). Espolvorea con sal marina y rocía con un poco de aceite de oliva.
e) Llevar al horno precalentado por 45 minutos.
f) Rinde: 12–16.

5. Machine pain de mie

Rinde: 12 porciones

INGREDIENTES:
- 2 tazas de harina de pan
- 1½ cucharadita de levadura; más o menos
- ½ taza de harina de sémola
- 1½ cucharada de azúcar
- 1 cucharadita de sal
- ⅓ taza de leche en polvo instantánea sin grasa
- 1 cucharada de mantequilla sin sal
- 1 taza menos 2 cucharadas de agua

INSTRUCCIONES:
a) Coloque todos los ingredientes en el molde para pan y procese en la configuración de pan estándar.
b) Retire el pan de la sartén y enfríe sobre una rejilla.
c) Envuélvalo en una bolsa de plástico o papel de aluminio para almacenar.

6. Desayuno de sémola al curry

Hace: 4

INGREDIENTES:
- 1 taza de sémola tostada, espesa
- 2 cucharadas de Ghee o aceite
- 1 chile verde picado
- 1 taza de cebolla picada
- ½ cucharada de jengibre
- 2 zanahorias ralladas
- ½ taza de guisantes verdes
- 1 cucharadita de sal
- 1 cucharadita de azúcar
- ¼ taza de anacardos asados
- 3 tazas de agua calentada en microondas
- 1 cucharada de jugo de limón para rociar
- Cilantro para decorar

Para Templado
- 8 hojas de curry
- 1 cucharadita de semillas de mostaza
- 1 cucharadita de lentejas negras
- 1 cucharadita de garbanzos partidos

INSTRUCCIONES:

a) Precaliente la olla instantánea usando la configuración SAUTE.
b) Combine el aceite y todos los INGREDIENTES para templar en un tazón para mezclar.
c) Agregue el chile verde, las cebollas y el jengibre una vez que las semillas de mostaza hayan estallado.
d) Saltee durante 2 minutos, revolviendo constantemente.
e) En un tazón grande, combine las zanahorias, los guisantes, la sal, el azúcar y los anacardos. Revuelva todo bien.
f) Agregue la sémola tostada y un poco de agua.
g) Revuelva todo junto y raspe cualquier asafétida que se pegue al fondo.
h) Selle la tapa con el respiradero en la posición cerrada.
i) Configure el temporizador durante 2 minutos en modo MANUAL o de cocción a presión.
j) Libere la presión tan pronto como la olla instantánea emita un pitido.
k) Retire el inserto de acero inoxidable de la olla.
l) Agregue jugo de limón y revuelva para combinar.
m)   Agrega cilantro como guarnición.

7. Tortitas de sémola y carambola

Hace: 4

INGREDIENTES
- 1 taza de sémola gruesa o crema de trigo simple
- 1 taza de yogur natural
- Sal al gusto
- Agua a temperatura ambiente, según sea necesario
- 1/4 cucharadita de polvo de hornear
- 1/4 cucharadita de semillas de carambola
- 1/4 cebolla roja pequeña, pelada y picada finamente
- pimiento rojo pequeño, sin semillas y finamente picado
- 1/2 tomate pequeño, sin semillas y finamente picado
- cucharadas de aceite vegetal

INSTRUCCIONES
a) Combine la sémola, el yogur y la sal en un tazón mediano; mezclar bien. Agregue 1/4 a 1/2 taza de agua para alcanzar la consistencia de la masa para panqueques, asegurándose de que no tenga grumos en la masa. Agregue el polvo de hornear. Reservar durante unos 20 minutos.
b) En un recipiente aparte, crea la cobertura. Mezcle las semillas de carambola, las cebollas, los pimientos y los tomates. Calentar una plancha a fuego medio-bajo. Añadir unas gotas de aceite. Sirva aproximadamente 1/4 taza de masa en el centro de la plancha. Debe tener el grosor de un panqueque regular. A medida que la masa comience a cocinarse, comenzarán a aparecer burbujas en la superficie.
c) Agregue una pequeña cantidad de cobertura al panqueque, mientras aún está húmedo. Presione hacia abajo suavemente con la parte posterior de su cucharón. Agregue unas gotas de aceite alrededor de los lados de los panqueques para evitar que se pegue.
d) Voltee el panqueque y cocine el otro lado durante unos 2 minutos. Retire el panqueque del fuego y colóquelo en un plato para servir. Servir tibio.

8. Pastelitos de tostadas francesas

Hace: 12

INGREDIENTES:

Adición
- ¼ taza de harina de sémola
- ¼ taza de azúcar
- 2½ cucharadas de mantequilla sin sal, cortada en trozos de ½ pulgada
- ½ cucharadita de canela molida
- ¼ taza de nueces picadas

Magdalenas
- 1½ tazas de harina de sémola
- 1 taza de azúcar
- 1½ cucharaditas de polvo de hornear
- 1 cucharadita de canela molida
- ½ cucharadita de pimienta de Jamaica molida
- ¼ de cucharadita de nuez moscada recién rallada
- ½ cucharadita de sal
- ½ taza de mantequilla ligeramente ablandada
- ½ taza de crema agria
- 2 huevos grandes
- ½ cucharadita de extracto de arce
- 4 rebanadas de tocino

INSTRUCCIONES

a) Primero, se debe preparar la cobertura. En un tazón mediano, mezcle el azúcar, la harina, la canela, las nueces y la mantequilla.

b) Con los dedos, mezcle la mantequilla hasta que no queden pedazos más grandes que un guisante. Cubra y refrigere hasta que esté listo para usar.

c) Prepare las magdalenas: precaliente su estufa a 350 ° F. Cubra una lata de galletas de 12 tazas con bolsas de papel. En un tazón grande, mezcle la harina, el azúcar, el polvo de preparación, la canela, la pimienta de Jamaica, la nuez moscada y la sal. Poner en un lugar seguro.

d) En un tazón grande con una licuadora eléctrica, mezcle la mantequilla, la crema, los huevos y el jarabe de arce a velocidad media hasta que la mezcla esté bien mezclada.

e) Reduzca la velocidad de la licuadora a baja e incluya la mezcla de harina. Batir hasta que simplemente se consolide. Llene cada hoyo de la lata de galletas 2/3 de su capacidad, hornee durante unos 20 a 25 minutos o hasta que un palillo incrustado en el punto focal de una magdalena diga la verdad.

f) Mientras los cupcakes se calientan, cocina el tocino como te gusta. Pasar a papel toalla para que escurra el exceso de aceite y dejar enfriar. Las magdalenas deben enfriarse en la lata durante unos 15 minutos. En ese momento, pasar a una rejilla para que se enfríe por completo.

g) Corta el tocino en 12 pedazos y presiona un pedazo en la parte superior de cada muffin.

h) Para almacenar panecillos en el congelador, séllelo herméticamente y puede durar hasta 3 meses, solo omita el tocino. Vuelva a calentar en el horno tostador para una delicia extra.

9. Deliciosos waffles de arándanos

Rinde: 4 gofres

INGREDIENTES:
- 2 huevos
- 2 tazas de harina de sémola
- 1¾ taza de leche
- ½ taza de aceite
- 1 cucharada de azúcar
- 4 cucharaditas de polvo de hornear
- ¼ cucharadita de sal
- ½ cucharadita de extracto de vainilla
- 1½ tazas de arándanos

INSTRUCCIONES:
a) En un tazón grande, bata los huevos con una batidora eléctrica a velocidad media hasta que quede esponjoso.
b) Agregue los ingredientes restantes excepto las bayas; batir hasta que quede suave.
c) Rocíe una gofrera con spray vegetal antiadherente. Vierta la masa en ½ taza sobre la waflera precalentada. Esparza la cantidad deseada de bayas sobre la masa.
d) Hornee de acuerdo con las instrucciones del fabricante, hasta que estén doradas.
e) Tostadas francesas de manzana durante la noche

10. **Panqueques De Plátano Y Arándanos**

Rinde: 4 porciones

INGREDIENTES:
- 1 plátano maduro, machacado
- 2 tazas de leche de soya
- 2 cucharadas de margarina vegana, derretida
- 1 cucharadita de extracto puro de vainilla
- 1 1/2 tazas de harina de sémola
- 1/2 taza de avena de cocción rápida
- 2 cucharadas de azúcar
- 0.5 cucharaditas de polvo de hornear
- 1 cucharadita de canela molida
- 1/2 cucharadita de pimienta de Jamaica molida
- 1/2 cucharadita de nuez moscada molida
- 1/2 cucharadita de sal
- 1 taza de arándanos frescos
- Aceite de canola o de semilla de uva, para freír

INSTRUCCIONES:
a) En un tazón grande, combine el plátano, la leche de soya, la margarina derretida y la vainilla, mezcle bien. Dejar de lado.
b) En un tazón grande separado, combine la harina, la avena, el azúcar, el polvo de hornear, la canela, la pimienta de Jamaica, la nuez moscada y la sal. Agregue los INGREDIENTES húmedos a los INGREDIENTES secos y mezcle con unos pocos movimientos rápidos. Incorpore los arándanos. Precaliente el horno a 225°F.
c) En una plancha o sartén grande, caliente una fina capa de aceite a fuego medio-alto. Vierta 1/4 taza a 1/3 taza tapas de masa en la plancha caliente. Cocine hasta que aparezcan pequeñas burbujas en la parte superior, aproximadamente 3 minutos.
d) Voltee los panqueques y cocine hasta que el otro lado esté dorado, aproximadamente de 2 a 3 minutos.
e) Transfiera los panqueques cocidos a una fuente resistente al calor y manténgalos calientes en el horno mientras cocina el resto.

11. Waffles de arándanos besados con limón

Rinde: 4 porciones

INGREDIENTES:
- 1 1/2 tazas de harina de sémola
- 1/2 taza de avena pasada de moda
- 1/4 taza de azúcar
- cucharaditas de polvo de hornear
- 1/2 cucharadita de sal
- 1 cucharadita de canela molida
- 2 tazas de leche de soya
- 1 cucharada de jugo de limón fresco
- 1 cucharadita de ralladura de limón
- 1/4 taza de margarina vegana, derretida
- 1/2 taza de arándanos frescos

INSTRUCCIONES:
a) Aceitar ligeramente la gofrera y precalentarla. Precaliente el horno a 225°F.

b) En un tazón grande, combine la harina, la avena, el azúcar, el polvo de hornear, la sal y la canela. Dejar de lado.

c) En un tazón grande separado, mezcle la leche de soya, el jugo de limón, la ralladura de limón y la margarina. Agregue los INGREDIENTES húmedos a los INGREDIENTES secos y mezcle con unos pocos movimientos rápidos, mezclando hasta que se combinen. Incorpore los arándanos.

d) Sirva de 1/2 a 1 taza de la masa (según las instrucciones de la plancha para gofres) sobre la plancha para gofres caliente. Cocine hasta que esté listo, de 3 a 5 minutos para la mayoría de las planchas para gofres. Transfiera los waffles cocidos a una fuente resistente al calor y manténgalos calientes en el horno mientras cocina el resto.

12. Scones de arándanos y limón

Hace: 6

INGREDIENTES:
- 2 tazas de harina de sémola
- 1 cucharada de levadura en polvo
- 2 cucharaditas de azúcar
- 1 cucharadita de sal kosher
- 2 onzas de aceite de coco refinado
- 1 taza de arándanos frescos
- ¼ onza de ralladura de limón
- 8 onzas de leche de coco

INSTRUCCIONES:
a) Mezcle el aceite de coco con la sal, el azúcar, el polvo de hornear y la harina en un procesador de alimentos.
b) Transfiera esta mezcla de harina a un tazón para mezclar.
c) Ahora agregue la leche de coco y la ralladura de limón a la mezcla de harina, luego mezcle bien.
d) Agregue los arándanos y mezcle bien la masa preparada hasta que quede suave.
e) Extienda esta masa de arándanos en una ronda de 7 pulgadas y colóquela en una sartén.
f) Refrigere la masa de arándanos durante 15 minutos, luego córtela en 6 gajos.
g) Cubra la placa para dorar con una hoja de pergamino.
h) Coloque los gajos de arándanos en la placa para dorar forrada.
i) Transfiera los bollos al horno Air Fryer y cierre la puerta.
j) Seleccione el modo "Hornear" girando el dial.
k) Presione el botón TIME/SLICES y cambie el valor a 25 minutos.
l) Presione el botón TEMP/SHADE y cambie el valor a 400 °F.
m) Presione Start/Stop para comenzar a cocinar.
n) Servir fresco.

13. Rosquillas De Cuajada De Yuzu

Rinde: 12 donas

INGREDIENTES:
DONAS:
- ½ taza de leche
- ¼ taza de agua tibia
- 2 ½ cucharaditas de levadura seca activa
- 3 ½ tazas + 2 cucharadas de harina de sémola
- 1 ½ tazas de azúcar
- 1 ½ cucharaditas de sal
- 3 huevos
- 8 cucharadas de mantequilla, ablandada
- Aceite para freír

CUAJADA DE YUZU:
- 6 yemas de huevo
- 1 taza de azúcar
- ½ taza de jugo de yuzu
- 1 barra de mantequilla, cortada en trozos

AZÚCAR YUZU:
- ½ taza de azúcar
- ralladura de 4 yuzu o 2 limas o limones

INSTRUCCIONES:
DONAS:
a) En el tazón de una batidora, combine la levadura, la leche y el agua tibia y déjelo reposar durante unos minutos. Agregue la harina, el azúcar, la sal y los huevos y mezcle a velocidad media-baja con el gancho para masa hasta que la masa se una, aproximadamente 5 minutos. Agregue la mantequilla, una cucharada a la vez, y continúe mezclando durante 5 minutos más hasta que la masa esté suave y brillante. Envuelva la masa y refrigere durante la noche.

b) Estirar la masa a un espesor de aproximadamente ½ pulgada. Use un cortador de galletas redondo de 3 pulgadas para cortar de 12 a 14 rondas. Colóquelos en una bandeja para hornear enharinada, cubra con una envoltura de plástico y déjelos fermentar en un lugar cálido durante 2 ½ a 3 horas.

c) Caliente el aceite a 350'F. Freír las donas en el aceite caliente de 2 a 3 minutos por cada lado. Transfiera las donas a una bandeja para hornear forrada con toallas de papel. Esperar 2 o 3 minutos para rebozar en azúcar yuzu. Fresco.

d) Cava un hoyo con un palillo en el costado de cada dona y coloca un poco de cuajada de yuzu dentro. Mejor comer el mismo día.

CUAJADA DE YUZU:
a) Agregue aproximadamente 1 taza de agua a una cacerola mediana. Llevar a fuego lento. Bate las yemas de huevo y el azúcar en un tazón de metal de tamaño mediano, aproximadamente 1 minuto. Agregue el jugo a la mezcla de huevo y bata hasta que quede suave. Coloque el tazón encima de la cacerola. Bate hasta que espese, aproximadamente 8 minutos, o hasta que la mezcla sea de color amarillo claro y cubra el dorso de una cuchara. Retire del fuego y revuelva la mantequilla poco a poco. Retire del fuego y cubra colocando una capa de envoltura de plástico directamente sobre la superficie de la cuajada. Refrigerar.

b) Azúcar yuzu:

c) Frote el azúcar con la ralladura de cítricos con la punta de los dedos hasta que esté fragante.

14. bollos de yuzu

INGREDIENTES:
SCONES
- 1 ⅓ tazas de harina de sémola
- ¼ taza de azúcar de caña orgánica
- ¼ cucharadita de sal
- ½ cucharada de levadura en polvo
- ¼ taza de mantequilla fría
- 1 huevo grande
- 1 cucharadita de jugo de yuzu
- ¼ a ½ taza de vainilla francesa mitad y mitad

VIDRIAR
- ½ taza de azúcar en polvo
- 2½ cucharadas de jugo de yuzu
- ½ cucharada de vainilla francesa mitad y mitad

INSTRUCCIONES
a) Batir la harina, el azúcar, la sal y el polvo de hornear juntos.

b) Añadir la mantequilla fría a los INGREDIENTES batidos con un cortador de masa.

c) En otro bol, batir ligeramente el huevo. Batir el jugo de yuzu y mitad y mitad.

d) Agregue lentamente el líquido a los INGREDIENTES secos. Vierta y revuelva el líquido hasta que todos los trozos desmenuzables se hayan humedecido. El objetivo es tener una bola de masa cohesiva.

e) Coloque papel pergamino encima de una bandeja para hornear galletas. Espolvorear la masa y el papel con harina. Deslice la masa sobre la bandeja para hornear preparada. Divide la masa en seis montículos.

f) Pinta cada montículo con un poco de mitad y mitad y/o yuzu. Espolvorear con azúcar de caña.

g) Coloque la fuente en el congelador durante 30 minutos. Hornee los bollos a 425 grados durante 22 a 23 minutos. Enfriar durante 5 a 10 minutos antes de rociar con glaseado de yuzu. Para hacer el glaseado: Batir el yuzu y la mitad y mitad junto con el azúcar en polvo.

15. Tortitas de naranja y calabaza

Rinde: 4 porciones

INGREDIENTES:
- 10 g de harina de lino molido
- 45 ml de agua
- 235 ml de leche de soja sin azúcar
- 15 ml de jugo de yuzu
- 60 g de harina de trigo sarraceno
- 60 g de harina de sémola
- 8 g de levadura en polvo, sin aluminio
- 2 cucharaditas de ralladura de naranja finamente rallada
- 25 g de semillas de chía blanca
- 120 g de puré de calabaza ecológico
- 30 ml de aceite de coco derretido y enfriado
- 5 ml de pasta de vainilla
- 30 ml de jarabe de arce puro

INSTRUCCIONES:

a)   Combine la harina de linaza molida con agua en un tazón pequeño. Coloque a un lado durante 10 minutos. Combine la leche de almendras y el vinagre de sidra en un tazón mediano. Coloque a un lado durante 5 minutos.

b)   En un tazón grande separado, combine la harina de trigo sarraceno, la harina de sémola, el polvo de hornear, la ralladura de naranja y las semillas de chía.

c)   Vierta la leche de almendras, junto con el puré de calabaza, el aceite de coco, la vainilla y el jarabe de arce.

d)   Batir juntos hasta que tenga una masa suave.

e)   Caliente una sartén antiadherente grande a fuego medio-alto. Cepille la sartén suavemente con un poco de aceite de coco.

f)   Vierta 60 ml de masa en la sartén. Cocine el panqueque durante 1 minuto o hasta que aparezcan burbujas en la superficie.

g)   Levante el panqueque suavemente con una espátula y voltee.

h)   Cocine por 1 ½ minutos más. Deslice el panqueque en un plato. Repita con la masa restante

16. Crepes Yuzu

Rinde: 6 porciones

INGREDIENTES:
- 1 huevo grande
- ½ taza de leche
- ¼ taza de harina de sémola
- 1 cucharadita de azúcar
- 1 cucharadita de ralladura de Yuzu rallada
- 1 pizca de sal
- Mantequilla o aceite para sartén

SALSA YUZU:
- 2 tazas de agua
- 1 taza de azúcar
- 2 Yuzus, en rodajas finas como papel, sin semillas

RELLENO DE CREMA:
- 1 taza de crema espesa, fría
- 2 cucharaditas de azúcar
- 1 cucharadita de extracto de vainilla

INSTRUCCIONES:

MASA DE CRÊPE:
a) Batir el huevo y la leche ligeramente en un tazón mediano.
b) Agregue la harina, el azúcar, la ralladura de Yuzu y la sal y bata hasta que quede suave.
c) Refrigere tapado por al menos 2 horas o toda la noche.

SALSA YUZU:
a) Caliente el agua y el azúcar en una cacerola mediana pesada hasta que el azúcar se disuelva.
b) Agregue rodajas de Yuzu y cocine a fuego lento durante 30 minutos. Enfriar a temperatura ambiente.

HACER CREPES:
a) Cubra la sartén para crepas en una sartén antiadherente de 6 pulgadas con una capa delgada de mantequilla o aceite.
b) Caliente la sartén a fuego medio-alto.
c) Vierta 2 cucharadas de la masa para crêpes e incline rápidamente la sartén para distribuir la masa uniformemente.

d) Cocine hasta que el fondo esté dorado y el borde se haya separado del costado de la sartén, aproximadamente 3 minutos.

e) Voltee la crepe y cocine el segundo lado durante aproximadamente 1 minuto.

f) Deje enfriar en un plato y repita con la masa restante para hacer 8 crêpes en total.

g) Justo antes de servir, prepare el relleno de crema: bata la crema, el azúcar y la vainilla en un tazón hasta que se formen picos rígidos.

h) Coloque 2 crêpes, con el lado dorado hacia abajo, en cada plato de postre.

i) Vierta el relleno de crema sobre cada crêpe y enrolle, doblando los bordes y colocando la costura hacia abajo en los platos.

j) Vierta ¼ de taza de salsa Yuzu sobre cada porción y sirva de inmediato.

17. Cerdo a la barbacoa con crêpes de maíz

Rinde: 8 porciones

INGREDIENTES:
- ¼ taza de harina de maíz
- ¼ taza de harina de sémola
- 2 cucharaditas de azúcar
- ¼ de cucharadita de sal kosher
- 1 huevo
- ¾ taza de leche
- 2 cucharadas de mantequilla sin sal, derretida
- 2 cucharadas de cebollín picado
- 2 tazas de salsa barbacoa
- 4 tazas de cerdo cocido desmenuzado
- ½ taza de cebolla blanca picada
- 2 cucharadas de jugo de limón, más al gusto
- 1 tomate mediano
- 2 aguacates maduros medianos
- 1 chiles serranos, finamente picados
- 2 cucharadas de cilantro picado
- sal kosher al gusto
- ¾ taza de salsa de chile
- ⅓ taza de melaza
- 3 cucharadas de salsa de soya
- 1 cucharada de mostaza Dijon
- 1 diente de ajo, machacado
- 3 cucharadas de jugo de Yuzu
- ⅓ taza de caldo de pollo
- ¼ taza de agua
- 1 cucharadita de salsa tabasco
- 1 cucharadita de sal kosher
- 2 cucharaditas de salsa Worcestershire
- ¼ de cucharadita de hojuelas de chile
- ½ chile Anaheim, sin semillas y cortado en trozos de 1 pulgada
- ½ chile chipotle en salsa de adobo

INSTRUCCIONES:

a) En un tazón mediano, mezcle los INGREDIENTES secos. En un recipiente aparte, combine el huevo, la leche y la mantequilla derretida.

b) Haga un pozo en los INGREDIENTES secos y agregue gradualmente la mezcla de huevo.

c) Agregue las cebolletas.

d) Deje reposar la masa durante 30 minutos antes de usar.

e) Caliente una sartén para crepes bien sazonada a fuego medio hasta que casi humee.

f) Unte con mantequilla ligeramente y vierta unas 2 cucharadas de masa, lo suficiente para hacer una crepa delgada de 5 pulgadas, inclinando la sartén para distribuir la masa de manera uniforme.

g) Hornee hasta que estén doradas, cocinando solo por un lado.

h) Retire la crepa de la sartén y continúe con la masa restante, apilando las crepes calientes en un plato.

i) Caliente la salsa barbacoa en una cacerola mediana y agregue el cerdo desmenuzado.

j) Revuelva para cubrir el cerdo uniformemente con la salsa. Cocine a fuego lento durante unos minutos para asegurarse de que la carne esté bien caliente. Dobla o enrolla las Crepes alrededor del relleno.

k) Cubra con la salsa de barbacoa restante y sirva la salsa de aguacate a un lado.

SALSA DE AGUACATE

a) En un tazón mediano, mezcle la cebolla blanca picada y 2 cucharadas de jugo de lima.

b) Reserva mientras preparas el tomate y los aguacates.

c) Descorazone y corte el tomate en dados de ¼ de pulgada. Cortar los aguacates por la mitad, quitar las semillas y sacar la pulpa.

d) Cortar la carne en dados de ½ pulgada. agregue el tomate, el aguacate, los chiles picados y el cilantro a la mezcla de cebolla.

e) Pruebe para sazonar y agregue sal, jugo de lima o chile picado según sea necesario. Cubra bien con una envoltura de plástico y deje reposar la salsa durante aproximadamente ½ hora antes de servir.

SALSA DE BARBACOA
a) Combine todos los ingredientes en una cacerola de fondo grueso y hierva a fuego alto.
b) Reduzca el fuego a bajo y cocine a fuego lento durante 15 a 20 minutos.
c) Retirar del fuego y pasar por un colador fino.
d) Refrigere si no se usa inmediatamente. La salsa se mantendrá en el refrigerador hasta por 4 días.

18. Pan de sémola con semillas de sésamo negro

Rinde: 1 porciones

INGREDIENTES:
- 1 cucharadita de levadura seca activa
- 1⅛ taza de agua -- 105-115 grados
- 1¼ taza de bizcocho de pan básico
- 3½ taza de harina de trigo duro
- ⅓ taza de harina de trigo duro -- para amasar
- ⅓ taza de harina de maíz amarillo
- ¼ taza de semillas de sésamo negro
- 4 cucharaditas de sal kosher
- Harina de maíz -- para espolvorear

INSTRUCCIONES
a) Las semillas de sésamo negro pueden estar disponibles en las tiendas naturistas o en los mercados japoneses.
b) En un bol, disolver la levadura en el agua. Deje reposar durante tres minutos.
c) Revuelve la esponja en el agua, rompiéndola con las manos o una cuchara.
d) Agregue 3½ tazas de harina de trigo duro, harina de maíz, 2 cucharadas de semillas de sésamo y la sal y mezcle, raspando y doblando hasta que la masa se una en una sola masa.
e) Voltee la masa sobre una superficie ligeramente enharinada y amase la masa hasta que quede suave y elástica, agregando gradualmente la mayor cantidad de ⅓ de taza de durum según sea necesario (pero tan poco como pueda).
f) Forme una bola y coloque la masa en un tazón ligeramente engrasado, cubra con una envoltura de plástico y refrigere durante la noche.
g) Después de sacar la masa del refrigerador, déjela reposar durante dos horas en un lugar sin corrientes de aire. Espolvorea una bandeja para hornear, sin lados, generosamente con harina de maíz.
h) Enharina una superficie de trabajo. Reduzca la masa a la mitad y aplane cada mitad suavemente en un rectángulo de 10x12

pulgadas. Enrolle cada rectángulo firmemente a lo largo de un lado de 10 pulgadas, formando dos cilindros de 12 pulgadas. Enrolle desde el centro hacia el borde para hacer cuerdas de 20 pulgadas. Enrolle la cuerda desde un extremo, tirando hacia arriba del nudo central. Coloque las bobinas en la bandeja para hornear.

i) Rocíe los panes ligeramente con un rociador de plantas. Coloque una cucharada de las semillas a lo largo de cada uno de los rollos. Cubra con una envoltura de plástico y deje que se duplique en un lugar sin corrientes de aire. Esto debería tomar de 1 a 2 horas.

j) Precaliente el horno durante al menos treinta minutos junto con una piedra para hornear o azulejos en la rejilla del medio a 425. Coloque una bandeja para hornear con lados decentes en la rejilla inferior. Hervir dos tazas de agua. Vierta el agua hirviendo en la fuente para hornear. Con un tirón rápido, deslice los panes fuera de la hoja y sobre la piedra.

k) Hornee durante 25 minutos hasta que los panes suenen huecos cuando se golpean en la parte inferior. Cuando termine, enfríe sobre una rejilla.

19. Tarta de sémola de fresa y limón

Rinde: 6 porciones

INGREDIENTES:
PASTEL
- ⅝ taza Mantequilla -; (5 onzas)
- 7 onzas de azúcar -; (15/16 taza)
- 2 huevos grandes
- 1 cucharadita de extracto de vainilla
- 1 limón; ralladura
- 1 taza de harina de pastel; tamizado
- ⅓ taza de sémola fina
- ⅓ taza de harina de maíz fina
- ¼ de cucharadita de sal
- 2 cucharaditas de bicarbonato de sodio
- ½ taza de crema agria

GLASEADO DE LIMÓN
- 1 taza de jugo de limón
- ½ taza de agua
- 1 taza de azúcar

FRESAS CON CREMA
- 2 pintas de fresas; limpio, rebanado 1/4\"
- ¼ de taza de gasa de menta; más 8 ramitas pequeñas
- O hojas para decorar
- ¼ taza de glaseado de limón; desde arriba
- ½ taza de crema espesa; picos rígidos batidos

INSTRUCCIONES

a) Usando una batidora con una paleta, mezcle la mantequilla, el azúcar y los huevos hasta que quede suave. Agregue la vainilla y la ralladura y combine.

b) Mezcle las harinas, la sal y el bicarbonato de sodio y mezcle lentamente usando la paleta alternando con la crema agria. Mezcle hasta que quede suave, pero no mezcle demasiado.

c) Rocíe 8 moldes (4 onzas) y llénelos hasta la mitad con la masa.

d) Hornee en un horno de 350 grados durante 15 minutos hasta que un probador salga limpio. Desmolda los pasteles sobre una rejilla y glaséalos mientras aún están calientes.

e) Para el glaseado de limón: combina todo y lleva a ebullición hasta que se disuelva por completo. Retirar del fuego y glasear cada pastel con 2 cucharadas.

f) Para las fresas y la crema: en un tazón, mezcle las bayas, la menta y el glaseado.

g) Para Emplatar: Cortar el pastel por la mitad. Coloque el fondo en un plato y cubra con bayas y luego con crema batida. Cubre con el pastel y decora con ramitas de menta.

20. Pan dorado de sémola

Rinde: 1 porciones

INGREDIENTES:
- 2⅓ taza de sémola
- ½ taza de harina de maíz amarillo
- 2 cucharadas de azúcar
- 2 cucharaditas de levadura instantánea regular
- 1½ cucharadita de sal
- ¼ taza de leche en polvo sin grasa
- 4 cucharadas de mantequilla o margarina
- ¾ taza + 2 T de agua
- 1 huevo
- Semillas de sésamo; para corteza

INSTRUCCIONES

a) En un tazón grande para mezclar, o en el tazón de una batidora eléctrica, combine todos los ingredientes excepto las semillas de sésamo, mezclándolos para formar una masa peluda.

b) Amasar la masa a mano oa máquina, durante 10 minutos.

c) Deje reposar durante 10 minutos, luego amase durante 10 minutos más, hasta que esté suave y flexible. Colocar la masa en un bol ligeramente engrasado y dejar reposar durante 1 hora. Se hinchará bastante, aunque es posible que no se duplique en volumen. (También puede usar su máquina para hacer pan, configurada en el ciclo Dough, para preparar la masa hasta este punto). Transfiera la masa a una superficie de trabajo ligeramente engrasada y déle forma de tronco. Engrase un molde para pan de 8-½ x 4-½ pulgadas y espolvoréelo abundantemente con semillas de sésamo. Coloque el pan en la sartén, úntelo con un poco de clara de huevo batida y espolvoréelo con semillas de sésamo adicionales. Cubra la sartén con una envoltura de plástico ligeramente engrasada. Permita que la hogaza se eleve durante 45 minutos a 1 hora, o hasta que esté coronada aproximadamente 1 pulgada por encima del borde del molde para pan.

d) Hornee el pan en un horno precalentado a 350F durante unos 40 minutos, o hasta que el interior registre 190F en un termómetro de lectura instantánea.

APERITIVOS

21. **Sémola Dhokla**

Marcas: 2

INGREDIENTES:
- 1 taza de sémola fina
- ¾ taza de yogur
- ¾ taza de agua
- 1 cucharada de jugo de lima
- 1 cucharadita de sal
- 1 cucharadita de jengibre rallado
- 1 cucharadita de chile verde picado, opcional
- 1 cucharada de aceite
- 1 cucharadita de sal de frutas
- 2 tazas de agua para cocinar al vapor

PARA TEMPLADO
- 1 cucharada de aceite
- 1 cucharadita de semillas de mostaza
- 6 hojas de curry
- 2 chiles verdes en rodajas finas, opcional
- 1 cucharadita de semillas de sésamo
- Cilantro

INSTRUCCIONES:
PREPARAR LA MASA DE DHOKLA

a) En un tazón grande, combine todos los ingredientes: sémola, yogur, agua, jengibre, chile, sal, jugo de lima y aceite, excepto la sal de frutas.

b) Revuelva bien para mezclar, luego deje reposar durante 15 minutos.

c) Pon a hervir 2 tazas de agua en la olla a presión en modo salteado mientras la masa reposa.

d) Después de 15 minutos, mezcle la masa suavemente en una dirección con sal de frutas.

e) Transfiera la masa rápidamente al recipiente de acero engrasado y colóquelo en un salvamanteles.

f) Inserte el salvamanteles y la sartén en la olla instantánea. Configure el modo Vapor en el modo de ventilación durante 15 minutos.

g) Deje reposar el Dhokla durante 5 minutos después de que termine el tiempo de cocción.

h) Usando pinzas, abra la tapa de la olla instantánea y retire el Dhokla.

i) Corta los bordes del Dhokla con un cuchillo. Voltee el recipiente de Dhokla colocando un plato encima.

PREPARAR EL TEMPLADO

a) Caliente el aceite en una sartén a fuego alto mientras el Dhokla se humea en la olla instantánea.

b) Después de eso, echa las semillas de mostaza y déjalas chisporrotear. Agregue las hojas de curry y la guindilla verde cortada en este punto.

c) Cocine durante unos 30 segundos por cada lado. Apaga el fuego y agrega las semillas de sésamo.

d) Dhokla debe cortarse en trozos pequeños. Mezcle el Dhokla con el templado.

e) Sirva con chutney de menta verde y cilantro picado al lado.

22. Muffins De Chocolate Kirsch

Hace: 6-8

INGREDIENTES:
- 1/2 cucharaditas. bicarbonato
- 1/2 taza de mantequilla
- ½ taza de chocolate negro cortado en trozos grandes
- 3/4 taza de azúcar moreno
- 1/4 taza de cacao en polvo sin azúcar
- 3/4 taza de leche
- 1 1/4 tazas de Harina de Sémola
- 2 huevos
- 15 onzas de cerezas negras en almíbar
- 1 cucharada de cacao
- 1 cucharadita adicional. azúcar en polvo

INSTRUCCIONES

a) Ponga el horno a 350°F. Prepara una bandeja para muffins de 12 hoyos con capacillos. Batir la mantequilla y el azúcar juntos, agregando un solo huevo a la vez.

b) Tome el bicarbonato de sodio, el cacao y la harina de sémola y tamice junto con la mezcla de mantequilla de antes.

c) Terminar combinando con la leche, el chocolate y junto con la mezcla de mantequilla de antes.

d) Terminar combinando con la leche, el chocolate y 25 minutos. Una señal de que los cupcakes están listos es hacer la prueba del palillo limpio.

e) Una vez cocido, apartarlo del fuego y dejarlo enfriar mientras se hace el glaseado. ¡Escarcha y disfrútalo!

23. Magdalenas De Zanahoria

Hace: 10-12

INGREDIENTES:
- 1¾ tazas de harina de sémola
- 1 cucharadita de sal
- 1 cucharadita de canela
- 1 cucharadita de jengibre molido
- ½ cucharadita de nuez moscada rallada
- ¼ de cucharadita de bicarbonato de sodio
- ⅛ cucharadita de polvo de hornear
- 1 taza de jarabe de arce
- ½ taza de aceite de coco sólido derretido
- ½ taza de leche
- 1 cucharada de jugo de limón fresco
- 1 cucharadita de extracto de vainilla
- 2 tazas de zanahoria rallada
- ½ taza de piña triturada, escurrida
- ½ taza de pasas, coco y nueces

INSTRUCCIONES

a) Precaliente el horno a 350°F. Cubra dos moldes para muffins de 12 tazas con papel para muffins o grasa y harina de sémola.
b) En un tazón grande, combine la harina de sémola, la sal, la canela, el jengibre, la nuez moscada, el bicarbonato de sodio y el polvo de hornear.
c) En un recipiente aparte, combine el jarabe de arce, el aceite de coco, la leche, el jugo de limón y la vainilla.
d) Combine los INGREDIENTES húmedos y secos y luego dóblelos suavemente hasta que se combinen
e) Agregue las zanahorias, la piña, las pasas, el coco y las nueces.
f) Llene los moldes para muffins preparados hasta dos tercios. Deje que el pastel se hornee durante unos 25 minutos.
g) Déjalos enfriar un poco antes de servir.

24. Pastelitos de ron y pasas

INGREDIENTES:

Ron con pasas
- ¼ taza de ron oscuro
- ½ taza de pasas doradas

Magdalenas
- 1 taza de harina de sémola
- 1¼ cucharaditas de polvo de hornear
- ¼ de cucharadita de canela molida
- ⅛ cucharadita de pimienta de Jamaica molida
- ⅛ cucharadita de nuez moscada recién rallada
- ½ taza de mantequilla, ligeramente ablandada
- 2 cucharadas de mantequilla sin sal, ligeramente ablandada
- ¾ taza de azúcar moreno claro
- 3 huevos grandes
- 1 cucharada de extracto puro de vainilla
- ¼ de cucharadita de extracto de ron puro

Glaseado De Crema Dulce
- ¼ taza de mantequilla sin sal
- ½ taza de crema espesa
- 2 tazas de azúcar en polvo, tamizada
- ⅛ cucharadita de sal

INSTRUCCIONES

a) Prepara las pasas al ron: En una cacerola pequeña, calienta el ron a fuego lento.

b) Mezcle las pasas y apártelas del fuego.

c) Coloque la mezcla en un tazón y luego cúbralo con una envoltura y déjelo reposar a temperatura ambiente durante al menos 6 horas o toda la noche.

d) Prepara los cupcakes: Lleva la temperatura de tu horno a 180c

e) Ponga capacillos de papel en el molde para muffins. En un tazón mediano, mezcle la harina de sémola, el polvo de hornear, la canela, la pimienta de Jamaica y la nuez moscada.

f) Dejar de lado. En un tazón grande con una batidora eléctrica, mezcle la mantequilla, la mantequilla regular y el azúcar moreno a velocidad media a alta hasta que vea que se vuelve liviano y como una nube, agregue gradualmente los huevos, batiendo bien después de cada adición.

g) Batir los extractos de vainilla y ron. Reduzca la velocidad de la batidora a baja, agregue la mezcla de harina de sémola y mezcle hasta que se combinen.

h) Agregue las pasas al ron y cualquier líquido restante. Recoge la masa de cupcakes en el molde.

i) Hornéalo durante unos 20 a 25 minutos, o hasta que esté dorado y al insertar un palillo en el centro de un cupcake, éste salga limpio.

j) Deje enfriar en la lata durante 5 minutos y luego transfiéralo a una rejilla para que se enfríe por completo. Las magdalenas sin glaseado se pueden almacenar hasta por 3 meses.

k) Prepara el glaseado de crema dulce:

l) En un tazón mediano con una batidora eléctrica, bate la mantequilla a velocidad media hasta que esté cremosa.

m) Baja la velocidad a media y agrega la crema y 1 taza de azúcar glass; batir hasta que esté bien combinado. Agregue lentamente la taza restante de azúcar y sal.

n) Coloque el glaseado en una manga pastelera equipada con la punta de su elección y glasee los cupcakes, o simplemente glaséelos con un cuchillo de mantequilla o una espátula pequeña acodada.

o) Guarda los cupcakes helados en un recipiente hermético en el refrigerador hasta por 1 semana.

25. Magdalenas de chocolate caliente

Hace: 2-4

INGREDIENTES:
- ½ taza de harina de sémola
- 1 cucharadita. Levadura en polvo
- Pizca de sal
- 1/3 taza de cacao
- ½-1 t de hojuelas de pimiento rojo picante
- 2 cucharadas de aceite
- Escaso ½ taza de leche
- ½ cucharaditas. Vainilla
- ¼ de cucharaditas. Vinagre de sidra de manzana
- ¼ de taza) de azúcar

INSTRUCCIONES

a) Precalentar el horno a 365º. Combine la harina de sémola, el polvo de hornear, la sal y el azúcar. ¡Batidor! Agregue los INGREDIENTES húmedos y bata hasta que esté completamente suave.
b) Rellene 4-5 moldes para cupcakes hasta 2/3 de su capacidad.
c) Hornea durante 20 minutos o hasta que al pinchar con un palillo salga limpio.
d) Permita que se enfríe completamente antes de glasear.

26. Muffins Crumble De Plátano

Hace: 8-10

INGREDIENTES
- 1 ½ tazas de harina de sémola
- 1/3 taza de mantequilla
- 3 puré de plátanos
- 3/4 taza de azúcar de caña
- 1/3 taza de azúcar morena envasada
- 1 cucharadita. bicarbonato
- 1 cucharadita. Levadura en polvo
- 1/2 cucharaditas. sal de mesa
- 1 huevo
- 2 cucharadas de harina de sémola
- 1 cucharada de mantequilla
- 1/8 de cucharaditas. canela molida

INSTRUCCIONES:
a) Lleve el calor de su horno a 350 f. y unte con mantequilla un molde para muffins de 10 tazas. Saque un tazón grande y mezcle 1.5 tazas de harina de sémola, bicarbonato de sodio, polvo de hornear y sal.
b) En un recipiente aparte, mezcle el puré de plátanos, el huevo, el azúcar de caña y 1/3 taza de mantequilla derretida.
c) Revuelva esta mezcla en la primera mezcla hasta que se mezclen. Extienda esta masa de manera uniforme en los moldes para muffins engrasados o con mantequilla.
d) En otro tazón, combine el azúcar moreno, la canela y 2 cucharadas de harina de sémola. Cortar en 1 cucharada de mantequilla.
e) Espolvorea esta mezcla sobre la masa de muffins en las bandejas. Hornear 18 - 20 minutos; dejar enfriar sobre una rejilla y disfrutar.

27. Muffins De Limón Y Coco

Hace: 8-10

INGREDIENTES:
- 1 1/4 taza de harina de sémola de almendras
- 1 taza de coco sin azúcar rallado
- 2 cucharadas de harina de sémola de coco
- 1/2 cucharaditas. bicarbonato
- 1/2 cucharaditas. Levadura en polvo
- 1/4 cucharaditas. sal
- 1/4 taza de miel (cruda)
- Jugo y ralladura de 1 limón
- 1/4 taza de leche de coco entera
- 3 huevos, batidos
- 3 cucharadas de aceite de coco
- 1 cucharadita. extracto de vainilla

INSTRUCCIONES:

a) Lleve el calor de su horno a 350 f. En un tazón pequeño, mezcle todos los INGREDIENTES húmedos. En un tazón mediano, combine todos los INGREDIENTES secos. Ahora vierta los INGREDIENTES húmedos en el tazón seco de INGREDIENTES y mezcle hasta formar una masa.

b) Deje reposar la masa durante unos minutos y luego revuélvala de nuevo. Ahora engrase un molde para muffins y llene cada uno aproximadamente dos tercios de su capacidad. Póngalo en el horno y hornee durante unos 20 minutos.

c) Prueba la cocción del muffin insertando un palillo en el centro, y si sale limpio, eso significa que está listo para comenzar. Retire del horno, deje enfriar por un minuto fresco y ¡sirva!

28. Pastelitos de tostadas francesas

Hace: 12

INGREDIENTES:

Adición
- ¼ taza de harina de sémola
- ¼ taza de azúcar
- 2½ cucharadas de mantequilla sin sal, cortada en trozos de ½ pulgada
- ½ cucharadita de canela molida
- ¼ taza de nueces picadas

Magdalenas
- 1½ tazas de harina de sémola
- 1 taza de azúcar
- 1½ cucharaditas de polvo de hornear
- 1 cucharadita de canela molida
- ½ cucharadita de pimienta de Jamaica molida
- ¼ de cucharadita de nuez moscada recién rallada
- ½ cucharadita de sal
- ½ taza de mantequilla ligeramente ablandada
- ½ taza de crema agria
- 2 huevos grandes
- ½ cucharadita de extracto de arce
- 4 rebanadas de tocino

INSTRUCCIONES

a)   Primero, se debe preparar la cobertura. En un tazón mediano, mezcle el azúcar, la harina de sémola, la canela, las nueces y la mantequilla.

b)   Con los dedos, mezcle la mantequilla hasta que no queden pedazos más grandes que un guisante. Cubra y refrigere hasta que esté listo para usar.

c)   Prepare las magdalenas: precaliente su estufa a 350 ° F. Cubra una lata de galletas de 12 tazas con bolsas de papel. En un tazón grande, mezcle la harina de sémola, el azúcar, el polvo de preparación, la canela, la pimienta de Jamaica, la nuez moscada y la sal. Poner en un lugar seguro.

d) En un tazón grande con una licuadora eléctrica, mezcle la mantequilla, la crema, los huevos y el jarabe de arce a velocidad media hasta que la mezcla esté bien mezclada.

e) Reduzca la velocidad de la licuadora a baja e incluya la mezcla de harina de sémola. Batir hasta que simplemente se consolide. Llene cada hoyo de la lata de galletas 2/3 de su capacidad, hornee durante unos 20 a 25 minutos o hasta que un palillo incrustado en el punto focal de una magdalena diga la verdad.

f) Mientras los cupcakes se calientan, cocina el tocino como te gusta. Pasar a papel toalla para que escurra el exceso de aceite y dejar enfriar. Las magdalenas deben enfriarse en la lata durante unos 15 minutos. En ese momento, pasar a una rejilla para que se enfríe por completo.

g) Corta el tocino en 12 pedazos y presiona un pedazo en la parte superior de cada muffin.

h) Para almacenar panecillos en el congelador, séllelo herméticamente y puede durar hasta 3 meses, solo omita el tocino. Vuelva a calentar en el horno tostador para una delicia extra.

29. Barras de crema irlandesa

INGREDIENTES:
- 1/2 taza mantequilla ablandada
- 3/4 c. más 1 cucharada de harina de sémola, cantidad dividida
- 1/4 taza azúcar en polvo
- 2 cucharadas de cacao para hornear
- 3/4 c. cCrea agria
- 1/2 taza azúcar
- 1/3 c. licor de crema irlandesa
- 1 huevo batido
- 1 t. extracto de vainilla
- 1/2 taza crema batida
- Opcional: chispas de chocolate

INSTRUCCIONES

a) En un tazón, mezcle la mantequilla, 3/4 taza de harina, el azúcar en polvo y el cacao hasta que se forme una masa suave.

b) Presione la masa en un molde para hornear de 8"x8" sin engrasar. Hornee a 350 grados durante 10 minutos.

c) Mientras tanto, en un recipiente aparte, mezcle la harina restante, la crema agria, el azúcar, el licor, el huevo y la vainilla.

d) Mezcla bien; verter sobre la capa horneada. Regrese al horno y hornee de 15 a 20 minutos adicionales, hasta que el relleno esté listo.

e) Enfriar un poco; refrigere por lo menos 2 horas antes de cortar en barras. En un tazón pequeño, con una batidora eléctrica a alta velocidad, bata la crema batida hasta que se formen picos rígidos.

f) Sirva las barras cubiertas con cucharadas de crema batida y chispas, si lo desea.

30. Barras de remolino de plátano

INGREDIENTES:
- 1/2 taza mantequilla ablandada
- 1 c. azúcar
- 1 huevo
- 1 t. extracto de vainilla
- 1-1/2 c. plátanos, puré
- 1-1/2 c. harina de sémola
- 1 t. Levadura en polvo
- 1 t. bicarbonato
- 1/2 t. sal
- 1/4 taza de cacao para hornear

INSTRUCCIONES

a)   En un tazón, mezcle la mantequilla y el azúcar; agregue el huevo y la vainilla. Mezcla bien; agregue los plátanos. Dejar de lado. En un recipiente aparte, combine la harina, el polvo de hornear, el bicarbonato de sodio y la sal; mezcle con la mezcla de mantequilla. Divide la masa por la mitad; agregue cacao a la mitad.

b)   Vierta la masa simple en un molde para hornear engrasado de 13"x9"; cuchara de masa de chocolate en la parte superior. Agitar con un cuchillo de mesa; hornee a 350 grados por 25 minutos.

c)   Fresco; cortar en barras. Hace 2-1/2 a 3 docenas.

31. Cuadritos de caramelo de tocino confitado

INGREDIENTES:
- 8 rebanadas de tocino
- ¼ taza de azúcar moreno claro, compactada firmemente
- 8 CUCHARADAS de mantequilla, blanda
- 2 CUCHARADAS de mantequilla sin sal, blanda
- ⅓ taza de azúcar morena oscura, compactada firmemente
- ⅓ taza de azúcar glas
- 1½ tazas de harina de sémola
- ½ cucharaditas de sal
- ½ taza de pedacitos de caramelo
- 1 taza de chispas de chocolate amargo
- ⅓ taza de almendras picadas

INSTRUCCIONES

a)   Caliente el horno a 350°F (180°C). En un tazón mediano, mezcle el tocino y el azúcar moreno claro, y colóquelos en una sola capa en una bandeja para hornear.

b)   Hornee durante 20 a 25 minutos o hasta que el tocino esté dorado y crujiente. Retire del horno y deje enfriar durante 15 a 20 minutos. Picar en trozos pequeños.

c)   Reduzca la temperatura del horno a 340 °F (171 °C). Cubra un molde para hornear de 9 × 13 pulgadas (23 × 33 cm) con papel de aluminio, rocíe con aceite en aerosol antiadherente y reserve.

d)   En un tazón grande, mezcle la mantequilla, la mantequilla sin sal, el azúcar moreno oscuro y el azúcar glas con una batidora eléctrica a velocidad media hasta que esté suave y esponjosa. Agregue la harina de sémola y la sal gradualmente, mezclando hasta que se combinen. Agrega ¼ de taza de trocitos de toffee hasta que se distribuyan uniformemente.

e)   Presione la masa en el molde preparado y hornee durante 25 minutos o hasta que esté dorada. Retire del horno, espolvoree con chispas de chocolate negro y déjelo por 3 minutos o hasta que las chispas se ablanden.

f)   Extienda el chocolate ablandado uniformemente encima y espolvoree con las almendras, el tocino confitado y el ¼ de taza de toffee restante. Deje enfriar durante 2 horas o hasta que el chocolate esté listo. Cortar en 16 cuadrados de 2 pulgadas (5 cm).

g)   Almacenamiento: Mantener en un recipiente hermético en el refrigerador hasta por 1 semana.

32. **Pierogi de arándanos**

Hace: 48-50

INGREDIENTES:
PARA LA MASA
- 2 tazas (500 g) de harina de sémola
- 1 taza de leche vegetal caliente
- 1 cucharadita de sal

PARA EL RELLENO DE ARÁNDANO
- 2 tazas de arándanos / arándanos
- 1 cucharada de harina de sémola

ADICIÓN
- crema azucarada, 12% o 18%
- una pizca de azúcar glas / en polvo, para espolvorear

INSTRUCCIONES:
PARA LA MASA
a) Tamizar la harina y hacer un agujero en el centro de la cúpula de harina. Vierta una pequeña cantidad de leche vegetal caliente en la mezcla y revuélvala. Amasar rápidamente, agregando leche vegetal según sea necesario para lograr una masa suave y elástica.
b) Separar la masa en varios trozos. Sobre una encimera enharinada, estirar la primera parte de la masa.
c) Estirar la masa con el rodillo en una hoja delgada. Use un vaso o un cortador circular para cortar la masa.

PARA EL RELLENO DE ARÁNDANO
a) Enjuague los arándanos frescos con agua corriente fría.
b) Retire las bayas congeladas del congelador justo antes de hacer pierogi (las albóndigas son más fáciles de armar con frutas congeladas)
c) Seque sobre toallas de papel, extienda sobre una bandeja y espolvoree con 1 cucharada de harina.
d) En el centro de cada círculo de masa, coloque una cucharadita de arándanos. Dobla la masa sobre el relleno y junta los bordes. Continúe hasta que la masa y los arándanos se hayan ido.

TERMINANDO

a)   Pon a hervir agua con sal en una olla. Reduzca el calor a un nivel bajo y manténgalo allí.

b)   Agregue las albóndigas y cocine durante 5 a 6 minutos, o hasta que floten.

c)   Prepare un poco de crema azucarada mientras tanto. Ponga un poco de crema en un recipiente para mezclar, agregue un poco de azúcar glas / en polvo y revuelva todo junto. Dale un mordisco y mira si es lo suficientemente dulce. Si no es lo suficientemente dulce, agregue más azúcar y vuelva a intentarlo.

d)   Con una espumadera, retire los pierogi de la cacerola. Sirva en platos con una cucharada de crema azucarada encima.

33. Barras de migas de arándanos

INGREDIENTES:
- 1½ tazas de azúcar
- 3 tazas de harina de sémola sin blanquear
- 1 cucharadita de polvo de hornear
- ¼ cucharadita de sal
- ralladura de un limon
- 1 huevo grande
- 8 onzas de mantequilla fría sin sal, cortada en cuartos
- 4 cucharaditas de maicena
- 1 pinta de arándanos

INSTRUCCIONES:

a) Precaliente el horno a 375°F y unte con mantequilla un molde de 13 x 9 pulgadas.

b) En un tazón grande, mezcle 1 taza de azúcar con la harina y el polvo de hornear. Añadir la sal y la ralladura de limón.

c) Luego agregue el huevo y la mantequilla para formar una masa desmenuzable. Fue muy difícil mezclarlo con mi cuchara (Deb me recomendó un tenedor, quién sabe por qué no escuché), y se hizo más difícil porque no tenía mucho espacio para ranurar en mi tazón. La mantequilla es un poco más fácil de manejar si se ablanda un poco, aunque la masa se vuelve una pequeña pegatina de esta manera.

d) Presione la mitad de la masa en una capa uniforme en los moldes.

e) En un recipiente aparte, mezcle la ½ taza restante de azúcar, la maicena y el jugo de un limón.

f) Incorpore los arándanos a la mezcla de maicena. (Deb dijo en su publicación que los arándanos congelados funcionan igual de bien).

g) Extienda los arándanos cubiertos de maicena en una capa uniforme en la sartén.

h) Desmenuce la masa restante sobre la parte superior de los arándanos.

i) Hornéalas durante 45 minutos, hasta que la parte superior se haya dorado. Deja que el crumble se enfríe por completo antes de cortarlo en trozos.

34. **Bombones de sémola**

Hace: 1 porción

INGREDIENTES:
- 1 taza de mantequilla
- ⅓ taza de azúcar glas
- ¾ taza de maicena
- 1¼ taza de harina de sémola tamizada
- ½ taza de pecanas, finamente picadas

GLASEADO BON BON:
- 1 cucharadita de mantequilla
- 2 cucharadas de jugo de yuzu

INSTRUCCIONES:
a) Mezclar la mantequilla con el azúcar hasta que quede muy ligera y esponjosa.
b) Agregue el almidón de maíz y la harina, mezcle bien. Refrigere hasta que sea fácil de manipular.
c) Precalentar el horno a 350 grados. Forme la masa en bolas de 1 pulgada.
d) Coloque las bolas sobre las nueces y espárzalas sobre papel encerado.
e) Aplanar con el fondo de un vaso bañado en harina.
f) Con una espátula, coloque las galletas en una bandeja para hornear galletas sin engrasar, con la nuez hacia arriba.
g) Hornee por 15 minutos. Fresco.
h) Escarcha con glaseado Bon Bon.

GLASEADO BON BON:
a)   Mezcle la mantequilla y el jugo de yuzu hasta que quede suave.
b)   Agitar el glaseado encima de cada galleta.

35. Sémolagalletas azucaradas

Hace: 32 galletas

INGREDIENTES

GALLETAS AZUCARADAS
- 2 ½ taza 300 g de harina de sémola
- 1 taza 100 g de harina de almendras, blanqueada y súper fina
- ½ cucharadita 4 g de sal
- ½ cucharadita 1 g de canela molida
- 1 taza 226 g mantequilla, temperatura ambiente
- 1 taza 120 g de azúcar glass tamizada
- 2 yemas de huevo grandes
- 2 cucharaditas de extracto de vainilla o 1 cucharadita de extracto de vainilla + 1 semilla entera de vainilla
- 1 cucharadita de ralladura de limón
- Azúcar en polvo opcional para cubrir

CUAJADA DE YUZU
- 3 huevos grandes
- ½ taza 110 g de azúcar granulada
- 4 ½ cucharadas 75 g de jugo de yuzu
- 1 cucharada 15 g de jugo de limón
- 2 cucharaditas 7 g de ralladura de limón
- ⅛ cucharadita de sal marina
- ⅓ taza 75 g mantequilla sin sal, en cubos a temperatura ambiente

INSTRUCCIONES

a) Combina los INGREDIENTES secos. En un tazón mediano, mezcle la harina de sémola, la harina de almendras, la sal y la canela hasta que se mezclen uniformemente.

b) Combina los INGREDIENTES húmedos. En un tazón grande para mezclar de su batidora de pie, bata la mantequilla a temperatura ambiente a velocidad media hasta que quede esponjosa y cremosa durante aproximadamente 1-2 minutos. Raspe los lados del tazón con una espátula de goma y agregue azúcar y bata para combinar hasta que quede esponjoso. A continuación, agregue las yemas de huevo, la vainilla y la ralladura de limón hasta que se mezclen.

c) Agregue los INGREDIENTES secos a los INGREDIENTES húmedos. Agregue los INGREDIENTES secos a la mezcla de mantequilla y bata a fuego lento durante 1 minuto o hasta que se mezclen. Raspe los lados del tazón y continúe mezclando hasta que esté bien combinado.

d) Enfría la masa. Divide la masa en dos y dale forma de discos de 1 pulgada de grosor. Envuelva bien con una envoltura de plástico y enfríe en el refrigerador durante al menos 1 hora hasta que se enfríe. La masa puede durar hasta 2 días.

e) Prepara el horno y las bandejas para hornear. Precaliente el horno a 350°F.

f) Cubra 2 bandejas para hornear con papel pergamino o un silpat. Dejar de lado.

g) Enrollar y cortar la masa. En una superficie enharinada, extienda los discos de masa con un grosor de ¼ de pulgada. Recorte las galletas con las formas deseadas y colóquelas en las bandejas para hornear preparadas con un espacio de aproximadamente 1-2 pulgadas en el medio. Recuerde cortar la mitad de formas sólidas y la mitad con ventanas recortadas. Repita hasta que se corte toda la masa. Enfríe la masa durante 15 minutos adicionales si la masa es demasiado blanda.

h) Hornear. Hornee las galletas una hoja a la vez durante unos 10-12 minutos o hasta que estén ligeramente doradas alrededor de los bordes. Los diferentes tamaños requerirán diferentes cantidades de tiempo de cocción, ¡así que vigile de cerca los minutos finales para asegurarse de que no se cocinen demasiado! Enfríe las galletas durante 5 minutos antes de transferirlas a una rejilla para que se enfríen por completo.

i) Cuajada de yuzu: Mezcle la En un tazón mediano resistente al calor, agregue los huevos, el azúcar, el jugo de yuzu, la ralladura de limón y la sal y mezcle para combinar.

j) Coloque el tazón en una caldera doble. Coloque el recipiente sobre una cacerola llena de agua asegurándose de que el agua no toque el recipiente. Caliente la caldera doble a fuego medio-alto y bata continua y suavemente para obtener una textura cremosa y una cocción uniforme. Deberá revolver continuamente durante al menos 10-15 minutos o hasta que espese y alcance los 160 °F.

k) Agrega la mantequilla. Una vez que la cuajada se haya espesado, retírela del fuego y agregue la mantequilla con una espátula de goma.

l) Colar la cuajada. Con un colador de malla fina, vierta la cuajada a través del colador en un recipiente limpio. Cubra la cuajada de limón con una envoltura de plástico asegurándose de que la envoltura de plástico toque la cuajada para evitar que se forme una película.

m) Rellene las galletas enfriadas con la cuajada de yuzu extendiendo la cuajada en la parte inferior de toda la galleta y colocando la que tiene la ventana cortada en la parte superior. Espolvorear con azúcar en polvo.

36. Sémola Galletas de mantequilla

INGREDIENTES:
GALLETAS
- 2 tazas de harina de sémola
- ½ taza de azúcar en polvo
- 8 onzas de mantequilla sin sal, temperatura ambiente
- 1 cucharadita de yuzu kosho

VIDRIAR
- 1 taza de azúcar en polvo
- 3 cucharadas de leche
- 1 yuzu, rallado y en jugo

INSTRUCCIONES:

a) Precaliente el horno a 350F.

b) Tamizar juntos la harina, la sal y el azúcar en polvo. Usando una batidora eléctrica, bata la mantequilla en un tazón grande hasta que esté suave y esponjosa. Agregue la harina y el azúcar un tercio a la vez a baja velocidad, luego agregue la vainilla.

c) Forme la masa en una bola.

d) Envuelva la bola en plástico, presione en un disco grueso y enfríe en el refrigerador hasta que esté frío, aproximadamente 30 minutos. Cuanto más fría esté la masa, mejor quedará el bizcocho. Además, la masa se congela maravillosamente y se conserva para uso futuro.

e) En una superficie bien enharinada, extienda la masa hasta que tenga un grosor de ¼ de pulgada y córtela con cortadores de galletas. Enrolle la masa, vuelva a enrollar la masa y corte el resto con cortadores de galletas. Repita hasta que haya terminado con la masa.

f) Hornee durante 15 a 20 minutos, hasta que las galletas estén apenas doradas alrededor de los bordes.

g) Retire del horno y mueva las galletas a una rejilla para enfriar por completo.

h) Mezcle los INGREDIENTES del glaseado con un batidor en un tazón. Agregue leche o azúcar en polvo si desea que el glaseado sea más delgado o más espeso. Sumerja suavemente la parte superior del pan dulce en el glaseado y colóquelo en una rejilla para enfriar sobre papel encerado. Deje que el glaseado se asiente durante al menos 30 minutos. ¡Disfrutar!

37. **Finikia (galletas de sémola y miel)**

Rinde: 60 porciones

INGREDIENTES:
- 125 gramos de mantequilla
- ½ taza de azúcar en polvo
- 1 naranja (solo la piel rallada)
- ½ taza de aceite de maíz o maní
- 2½ taza de harina común
- 4 cucharaditas de polvo de hornear
- 1 taza de agua
- 1 taza de azúcar
- ½ taza de miel
- 1½ taza de sémola fina (farina)
- 1 cucharadita de canela molida
- 1 pizca de clavo molido
- ½ taza de jugo de naranja
- Semillas de sésamo tostadas O
- Nueces picadas
- 1 trozo de corteza de canela
- 2 cucharaditas de jugo de limón

INSTRUCCIONES:
a) Bate la mantequilla, el azúcar y la ralladura de naranja hasta que quede suave y esponjosa.
b) Poco a poco agregue aceite y continúe batiendo a alta velocidad hasta que la mezcla se espese a una consistencia de crema batida. Tamizar la harina y el polvo de hornear dos veces y combinar con la sémola y las especias.
c) Agregue gradualmente a la mezcla cremosa alternando con jugo de naranja. Cuando se combine, amasar con la mano para formar una masa firme.
d) Forme cucharadas de masa en óvalos, colóquelos en bandejas para hornear sin engrasar y pellizque los extremos para formar un torpedo. Hornear en horno moderado durante 25 minutos hasta que estén doradas y crujientes.
e) Enfriar en bandejas para hornear.
f) En una cacerola revuelve el agua y el azúcar a fuego lento hasta que el azúcar se disuelva.
g) Agregue la miel, la corteza de canela y el jugo de limón y deje hervir. Hervir a fuego medio durante 10 minutos y retirar la canela.
h) Mientras el almíbar está hirviendo, sumerja las galletas en 3 a la vez, voltee en almíbar, luego retírelas a una rejilla colocada sobre un plato. Repita con el número requerido para servir. Guarde el resto en un recipiente sellado para sumergirlo más tarde.
i) Espolvorea las galletas bañadas con semillas de sésamo o nueces picadas y sirve.

38. Dosas de sémola con semillas de comino

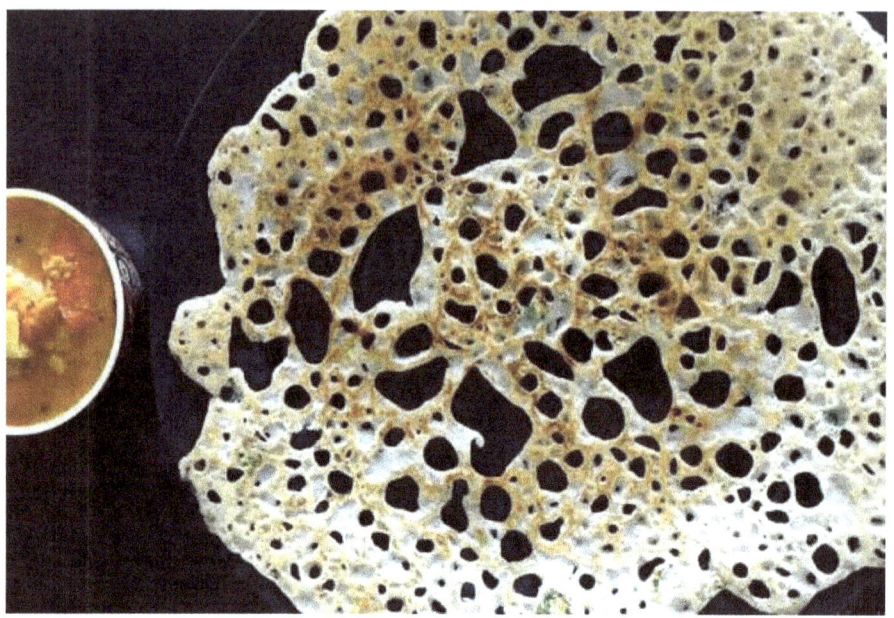

Rinde: 8 panqueques

INGREDIENTES:
- 1¾ taza de sémola de grano fino
- 1 cucharada de harina blanca para todo uso
- 1 chile verde picante fresco
- 1 taza de yogur natural
- 1 cucharadita de sal
- 7 cucharadas de aceite vegetal (aproximadamente)
- 1 cucharadita de semillas de comino enteras

INSTRUCCIONES:
a) En una licuadora o procesador de alimentos, combine la sémola, la harina blanca, el chile, el yogur, la sal y 1 taza de agua.
b) Mezcle hasta que quede suave, luego transfiera la mezcla a un tazón.
c) Caliente 1 cucharada de aceite en una sartén pequeña a fuego medio. Agregue semillas de comino al aceite caliente y revuelva durante unos segundos. Vierta el aceite y las semillas en la masa; revuelva para mezclar. Cubra y deje reposar durante 30 minutos.
d) Prepare panqueques de acuerdo con las INSTRUCCIONES dadas para otras recetas de dosa.
e) Sirva con chutney de coco, si lo desea.

39. Galletas de sémola con motas de vegetales

Rinde: 12 porciones

INGREDIENTES:
- ⅓ taza de zanahoria rallada
- 2 cucharadas de cebolla picada
- 2 cucharadas de champiñones secos picados
- 1 cucharada de tomates secos picados
- 2 cucharaditas de albahaca seca
- ⅔ taza de harina sin blanquear
- ⅔ cu de harina de sémola
- 2 cucharadas de queso parmesano recién rallado
- 1 cucharadita de polvo de hornear
- ¾ cucharadita de sal
- ⅓ taza más 1 cucharada de agua
- 2 cucharadas de aceite de oliva

INSTRUCCIONES:

a) Precaliente el horno a 250F. Cubra una bandeja para hornear con papel encerado.

b) Extiende la zanahoria sobre el papel; cubre con la cebolla. Hornear durante unos 30 minutos para secar las verduras. Enfriar en la bandeja para hornear sobre una rejilla. Reduzca la temperatura del horno a 350F. En un tazón grande, combine las zanahorias secas y la cebolla con los champiñones, los tomates y la albahaca.

c) Agrega las harinas crudas y de sémola, el queso, el polvo para hornear y la sal; mezclar bien con un tenedor. Haga un hueco en el centro. Agregue el agua y el aceite. Mezclar con una cuchara de madera hasta que la masa comience a juntarse.

d) Amasar con las manos hasta formar una bola. Enrolle la masa entre las palmas de las manos en una cuerda gruesa. Envuelva en papel encerado y enfríe por 15 minutos.

e) Después de que la masa se haya enfriado, córtela en 12 partes iguales. Trabajando con una pieza a la vez (mantenga la masa restante cubierta), forme una bola. Coloque la bola de masa entre dos pedazos de papel encerado ligeramente enharinado y extiéndala en un círculo de 4 a 5 pulgadas. Retire el papel encerado y coloque el círculo en una bandeja para hornear grande. Repita con el resto de la masa. Las galletas pueden tocarse ya que no se esparcen durante la cocción. Hornee por 15 minutos a 350F, o hasta que estén ligeramente doradas pero no doradas. Enfriar sobre rejillas de alambre. Almacenar en un recipiente hermético.

f) Estas obleas grandes, delgadas y doradas están rayadas con trozos de vegetales.

PLATO PRINCIPAL

40. Patatas Asadas Crujientes Sin Aceite

Hace: 6

INGREDIENTES:
- 2 libras de papas, peladas y cortadas en trozos
- 3 cucharadas de harina de sémola
- ½ taza de aquafaba
- Líquido de la lata de garbanzos
- Sal
- Condimento

INSTRUCCIONES
a) Caliente el horno a 450F.
b) Cubra una bandeja para hornear con papel pergamino.
c) Lleva las papas a ebullición, aproximadamente 6 minutos, hasta que puedas atravesarlas con un tenedor, pero aún mantengan su forma.
d) Escurrir en un colador y dejar enfriar.
e) Cuando las papas estén lo suficientemente frías para manipularlas, mézclalas en un tazón con sémola, sal y condimentos.
f) Incline en la bandeja para hornear
g) Ase por 25 minutos antes de voltear y asar por otros 20 minutos.

41. Sémola con Verduras

INGREDIENTES
- ½ taza de sémola
- 1 taza de agua
- 2 cucharadas de aceite
- 1/4 cucharadas de semillas de mostaza
- 1/4 cucharadas de semillas de comino
- 1 pizca de asafétida
- 5-6 hojas de curry
- ½ cucharadas de jengibre rallado
- ½ cucharadas de cilantro en polvo
- ½ cucharadas de comino en polvo
- Sal al gusto
- 1-2 tomates: se pueden cocinar o comer crudos a un lado
- 1 taza de papas, repollo, coliflor, zanahorias.
- coco fresco
- hojas de cilantro fresco

INSTRUCCIONES
a) Tueste en seco la sémola en una sartén durante 10 a 15 minutos hasta que adquiera un color marrón rosado. Retire de la sartén.
b) Calentar el aceite y agregar las semillas de mostaza. Cuando revienten, agregue el comino, la asafétida, las hojas de curry, el jengibre, el cilantro en polvo y el comino en polvo. Agregue las verduras y cocine a medias.
c) Añadir la sémola tostada, la sal y el agua. Llevar a ebullición, tapar y cocinar a fuego lento durante 10 minutos. Destapar y freír durante 2 a 3 minutos. Agregue coco fresco al gusto y hojas de cilantro.
Budín del paraíso

Hace 4 porciones

- 1 cucharada de margarina vegana
- ¼ taza de anacardos tostados sin sal
- ¼ taza de pasas doradas
- 1 taza de suji (sémola o crema de trigo)
- ½ taza de azúcar
- 1 1/2 tazas de jugo de piña, mango o uva blanca
- ¼ taza de trozos de piña
- ¼ cucharadita de cardamomo molido

INSTRUCCIONES:

a) En una sartén mediana, caliente la margarina a fuego lento. Agregue los anacardos, las pasas y el suji y tueste hasta que estén fragantes, revolviendo con frecuencia, aproximadamente 5 minutos.

b) Agregue el azúcar y el jugo de piña y continúe cocinando, revolviendo constantemente. Agregue los trozos de piña y el cardamomo y continúe cocinando unos minutos más, hasta que parezca un budín espeso.

c) Para servir, divida el budín en partes iguales entre 4 platos de postre pequeños. Sirva tibio o a temperatura ambiente o refrigere hasta que se enfríe, aproximadamente 2 horas.

42. Pizza de sémola al estilo indio

Hace 2 porciones

- 1 taza de yogur natural vegano
- 1 taza de harina de sémola
- 1 cucharada de maicena
- 1/3 taza más 2 cucharadas de agua
- 1 zanahoria, rallada
- 1 chile verde picante o suave, sin semillas y finamente picado
- 1/4 taza más 1 cucharada de cilantro fresco picado
- 1/4 taza de anacardos sin sal finamente picados
- 1 cucharadita de cilantro molido
- 1/2 cucharadita de sal
- 2 cucharadas de aceite de canola o de semilla de uva

INSTRUCCIONES:

a) Coloca el yogur en un tazón mediano y caliéntalo en el microondas durante 30 segundos. Agregue la harina y mezcle bien para combinar.

b) En un tazón pequeño, combine la maicena con las 2 cucharadas de agua. Mezcle bien, luego incorpórelo a la mezcla de harina y agregue el 1/3 de taza de agua restante para formar una masa espesa.

c) Agregue la zanahoria, el chile, la cebolla, 1/4 taza de cilantro, los anacardos, el cilantro y la sal, mezcle bien. Dejar reposar durante 20 minutos a temperatura ambiente. Precalienta el horno a 250°F.

d) En una sartén grande, caliente el aceite a fuego medio. Vierta la mitad de la masa en la sartén. Cubra y cocine hasta que el fondo esté ligeramente dorado y la masa esté bien cocida, aproximadamente 5 minutos. Tenga cuidado de no quemarse.

e) Deslice con cuidado el uttapam sobre una bandeja para hornear o una fuente resistente al calor y manténgalo caliente mientras cocina el segundo con la masa restante.

f) Invierta cada uttappam en platos llanos, espolvoree con la cucharada de cilantro restante y sirva caliente.

43. Ensalada de frutas esponjosa

Marcas: 12 a 16

INGREDIENTES:
- Dos latas de 20 onzas de piña triturada
- ⅔ taza de azúcar
- 2 cucharadas de harina de sémola
- 2 huevos, ligeramente batidos
- ¼ taza de jugo de naranja
- 3 cucharadas de jugo de Yuzu
- 1 cucharada de aceite vegetal
- 2 latas de coctel de frutas
- 2 latas de mandarinas, escurridas
- 2 plátanos, en rodajas
- 1 taza de crema espesa, batida

INSTRUCCIONES:
a) Escurra la piña, reservando 1 taza de jugo en una cacerola pequeña. Ponga la piña a un lado. En una cacerola, agregue azúcar, harina, huevos, jugo de naranja, jugo de Yuzu y aceite.
b) Hacer hervir removiendo constantemente. Hervir durante 1 minuto, retirar del fuego y dejar enfriar. En una ensaladera, combine la piña, el cóctel de frutas, las naranjas y los plátanos.
c) Incorpore la crema batida y la salsa enfriada.
d) Enfriar durante varias horas.

44. Ensalada cremosa de frutas congeladas

Rinde: 12 porciones

INGREDIENTES:
- ¼ de taza) de azúcar
- ½ cucharadita de sal
- 1½ cucharada de harina de sémola
- ¾ taza de jarabe escurrido de la fruta
- 1 huevo, ligeramente batido
- 2 cucharadas de vinagre
- 1 taza de peras enlatadas, escurridas y cortadas en cubitos
- ¾ taza de cositas de piña escurridas
- 2 tazas de puré de plátanos medianamente maduros
- ½ taza de cerezas al marrasquino escurridas y picadas
- 1 taza de pecanas picadas
- ⅔ taza de leche evaporada
- 1 cucharada de jugo de Yuzu recién exprimido

INSTRUCCIONES:
a)   Combine el azúcar, la sal y la harina en una cacerola. Agregue el jarabe de frutas, el huevo y el vinagre. Cocine a fuego medio, revolviendo constantemente hasta que espese. Fresco.

b)   Agregue frutas y nueces a la mezcla enfriada. Enfríe la leche evaporada en el congelador hasta que se formen cristales de hielo suave, unos 10 o 15 minutos.

c)   Batir hasta que esté rígido, aproximadamente 1 minuto. Agregue el jugo de Yuzu y bata durante 1 minuto adicional para que quede muy rígido. Incorporar a la mezcla de frutas.

d)   Cuchara en molde de 6-½ tazas ligeramente aceitado

45. Gross-suppe (sopa de sémola)

Rinde: 4 porciones

INGREDIENTES:
- 1 litro de caldo de carne (aprox. 1 qt)
- 1 taza de sémola
- 1 huevo
- Unas ramitas de perejil picado O un poco de perejil picado
- Cebollín
- 50 gramos de mantequilla (3 1/2 cucharadas)
- Sal al gusto
- Pimienta al gusto
- nuez moscada molida al gusto

INSTRUCCIONES:
a) Revuelva lentamente la sémola en el caldo hirviendo y cocine durante 1 hora.
b) Poco antes de servir, agregue un huevo batido, ajuste la sazón con sal, pimienta y nuez moscada. Agregue el perejil picado o las cebolletas y salpique con mantequilla.

46. Cazuela de arroz con pollo y brócoli con queso

INGREDIENTES
- 1 paquete (6 onzas) de mezcla de arroz salvaje y de grano largo
- 3 cucharadas de mantequilla sin sal
- 3 dientes de ajo, picados
- 1 cebolla, picada
- 2 tazas de champiñones cremini, en cuartos
- 1 tallo de apio, cortado en cubitos
- ½ cucharadita de tomillo seco
- 1 cucharada de harina de sémola
- ¼ taza de vino blanco seco
- 1 ¼ tazas de caldo de pollo
- Sal kosher y pimienta negra recién molida, al gusto
- 3 tazas de floretes de brócoli
- ½ taza de crema agria
- 2 tazas de pollo asado desmenuzado sobrante
- 1 taza de queso cheddar bajo en grasa rallado, cantidad dividida
- 2 cucharadas de hojas de perejil fresco picado (opcional)

INSTRUCCIONES

a) Precaliente el horno a 375 grados F.

b) Cocina la mezcla de arroz según las instrucciones del paquete; dejar de lado.

c) Derrita la mantequilla en una sartén grande para horno a fuego medio-alto. Agregue el ajo, la cebolla, los champiñones y el apio y cocine, revolviendo ocasionalmente, hasta que estén tiernos, de 3 a 4 minutos. Agregue el tomillo y cocine hasta que esté fragante, aproximadamente 1 minuto.

d) Batir la harina hasta que esté ligeramente dorada, aproximadamente 1 minuto. Poco a poco agregue el vino y el caldo. Cocine, revolviendo constantemente, hasta que espese un poco, de 2 a 3 minutos; sazone con sal y pimienta al gusto.

e) Agregue el brócoli, la crema agria, el pollo, ½ taza de queso y el arroz. Si congela la cacerola para usarla más adelante, deténgase aquí y salte al paso 7. De lo contrario, espolvoree con la ½ taza de queso restante.

f) Transfiera la sartén al horno y hornee hasta que la cacerola esté burbujeante y caliente, de 20 a 22 minutos. Sirva inmediatamente, adornado con perejil si lo desea.

g) Congelar.

47. cuscús marroquí

INGREDIENTES

- 1 pollo entero (2 kg)
- 1 kg de sémola
- 3 zanahorias
- 3 nabos
- 3 calabacines
- 250 g de calabaza
- 1 kilo de cebollas
- 250 g de garbanzos tiernos
- 150 g de uvas secas
- 1 litro y medio de agua
- Especias: 1 cucharadita de sal, pimienta negra, jengibre, azafrán
- 4 cucharadas soperas de aceite vegetal
- 1 cucharadita de mantequilla salada (antigua)
- 2 cucharaditas de azúcar

INSTRUCCIONES:

a) Necesitamos tres cacerolas de diferente tamaño. En la más grande, pon agua, garbanzos que hayas puesto en un bol con agua toda la noche, aceite, especias, una cebolla grande lavada y cortada en cuadraditos, aceite y pon la cacerola a fuego vivo. , cuando hierva, bajar el fuego para permitir que los garbanzos se ablanden y mantener la cantidad de agua. Luego, poner las verduras, bien lavadas, peladas y cortadas en mitades alargadas en la misma cacerola y dejar Cocer a fuego Alto.

b) .en la segunda cacerola, poner una cebolla, cortada en rodajas pequeñas, pollo cortado en cuatro trozos, aceite, sal, una cucharada de jugo de limón, pimienta, jengibre, azafrán y media cucharadita de mantequilla salada. poner a fuego muy bajo, al mínimo, y dejar cocer una hora sin agua. El fuego bajo extraerá el jugo del pollo.

c) En la tercera cacerola, la más pequeña, ponemos el resto de cebollas cortadas en rodajas largas, añadimos las mismas especias, y una taza de Agua, y una. Cucharadita de aceite. Deje cocinar a fuego lento hasta que las cebollas estén tiernas. luego, agregar el azúcar, media cucharadita de canella, y reblandecerlas en seco a fuego lento hasta que las cebollas estén caramelizadas pero no quemadas.

d) Último paso. Coge una vaporera, es una especie de olla con agujeros que permite cocinar al vapor. Ponga la sémola después de haberla lavado rápidamente bajo el agua del grifo y escúrrala, póngala en la vaporera y cocine durante cinco minutos. Repite esta operación dos veces y mueve la sémola entre tus dedos hasta que quede como arena mojada.

e) Presentación. En un plato grande, circular, poner primero la sémola, añadir una cucharadita de mantequilla salada a la salsa de la cazuela de verduras, y verter una cucharada de esta salsa sobre la sémola. Mezclar suavemente con una cuchara grande.

f) Hacer un hueco en el medio, poner allí los garbanzos y encima los trozos de pollo. A continuación, coloque las mitades de las verduras en forma vertical, luego, coloque las cebollas caramelizadas encima en un patrón cónico, como un monte.

g) Se sirve caliente acompañado con tazones pequeños de la salsa donde se cocieron las verduras.

PASTA

48. Gnocchetti con gambas y pesto

Hace: 4–6

INGREDIENTES
- Masa de sémola

PESTO DE PISTACHO
- 1 taza de pistachos
- 1 manojo de menta
- 1 diente de ajo
- ½ taza de Pecorino Romano rallado
- ½ taza de aceite de oliva
- Sal kosher
- Pimienta negra recién molida
- 8 onzas de habas
- Aceite de oliva
- 3 dientes de ajo, picados
- 2 libras de camarones grandes, limpios
- Pimiento rojo triturado, al gusto
- Sal kosher
- Pimienta negra recién molida
- ¼ taza de vino blanco
- 1 limón, rallado

INSTRUCCIONES

a) Espolvorea dos sartenes con harina de sémola.

b) Para hacer los ñoquis, corta un trozo pequeño de masa y cubre el resto de la masa con una envoltura de plástico. Con las manos, enrolle el trozo de masa en una cuerda de aproximadamente ½ pulgada de grosor. Corta trozos de masa de ½ pulgada de la cuerda. Con el pulgar, empuja suavemente el trozo de masa sobre una tabla de ñoquis, alejándolo de tu cuerpo para que quede una ligera hendidura. Coloque los ñoquis en las bandejas para hornear espolvoreadas con sémola y déjelos sin tapar hasta que estén listos para cocinar.

c) Para hacer el pesto de pistacho, en un procesador de alimentos, agregue los pistachos, la menta, el ajo, el Pecorino Romano, el aceite de oliva, la sal y la pimienta negra recién molida, y procese hasta que se haga puré.

d) Prepara un recipiente con agua helada. Retire las habas de la vaina. Blanquee las habas cocinándolas en agua hirviendo hasta que estén tiernas, aproximadamente 1 minuto. Retire del agua y coloque en el baño de hielo. Cuando esté lo suficientemente frío, retírelo del agua y déjelo a un lado en un tazón. Retire la capa exterior cerosa del frijol y deséchelo.

e) Pon a hervir una olla grande de agua con sal. Mientras tanto, en una sartén grande a fuego alto, agregue un chorrito de aceite de oliva, ajo, camarones, pimiento rojo triturado, sal y pimienta negra recién molida. Mientras se cocinan los camarones, sumerja la pasta en el agua hirviendo y cocine hasta que esté al dente, aproximadamente de 3 a 4 minutos. Agregue la pasta a la sartén con vino blanco y deje cocinar hasta que el vino se reduzca a la mitad, aproximadamente un minuto.

f) Para servir, divida la pasta entre tazones. Decorar con ralladura de limón y pesto de pistacho.

49. Fetucine al vino tinto y aceitunas

INGREDIENTES

- 2½ taza de harina
- 1 taza de harina de sémola
- 2 huevos
- copa de vino tinto seco
- 1 Receta lumache alla marchigiana

INSTRUCCIONES:

a) Para Preparar la Pasta: Hacer un pozo con la harina y poner en el centro los huevos y el vino.
b) Con un tenedor, bata los huevos y el vino y comience a incorporar la harina comenzando por el borde interior del pozo.
c) Comience a amasar la masa con ambas manos, usando las palmas de las manos.
d) Estirar la pasta a la configuración más delgada en la máquina de pasta. Corte la pasta en fideos gruesos de ¼ de pulgada a mano o con una máquina y reserve debajo de una toalla húmeda.
e) Ponga a hervir 6 cuartos de galón de agua y agregue 2 cucharadas de sal. Caliente el caracol hasta que hierva y reserve.
f) Coloque la pasta en agua y cocine hasta que esté tierna. Escurra la pasta y colóquela en una sartén con los caracoles, revolviéndola bien para cubrirla. Sirva inmediatamente en un plato de servir tibio.

50. ñoquis de sémola

Rinde: 4 porciones

INGREDIENTES:
- 3½ taza de leche
- ¾ taza de sémola fina
- ½ taza de mantequilla
- 6 cucharadas de queso parmesano
- 2 yemas de huevo
- Sal
- Pimienta
- Una pizca de nuez moscada molida
- Migas de pan

INSTRUCCIONES:
a) Calentamos la leche con una pizca de sal, y cuando hierva añadimos la sémola poco a poco, removiendo todo el tiempo con una cuchara de madera para que no se formen grumos.
b) Continúe cocinando, revolviendo, durante 20 minutos. Retire del fuego y agregue 2 cucharadas de mantequilla en trozos pequeños. luego agregue gradualmente 2 cucharadas de queso parmesano, la yema de huevo, una a la vez, una pizca de pimienta y nuez moscada. Aceite 1 o 2 platos grandes o una losa de cocina de mármol limpia y vierta la mezcla de sémola. Extienda hasta un grosor de ½ pulgada con una espátula húmeda y fría y deje que se enfríe.
c) Precaliente el horno a 350 grados F (175 grados C). Derrite las 6 cucharadas de mantequilla restantes; use un poco de mantequilla para engrasar la cacerola que desea cocinar y sirva los ñoquis. Corte cuadrados o círculos de masa de sémola y colóquelos en un plato engrasado. Rocíe con mantequilla y espolvoree con queso parmesano, agregue una segunda capa de ñoquis, y así sucesivamente.
d) Espolvorea pan rallado sobre los ñoquis y hornea durante unos 20 minutos o hasta que estén dorados.

51. Ñoquis de sémola con anchoas, ajo y romero

Rinde: 4 porciones
INGREDIENTES:
- 1 diente de ajo grande - pelar y picar finamente
- 1 cucharada de romero fresco, finamente picado
- 2 cucharadas de perejil fresco, finamente picado
- 1 litro de leche descremada
- Sal
- 1 taza de sémola fina o harina de maíz amarilla
- 2 cucharadas de mantequilla sin sal
- 4 filetes planos de anchoa,
- Escurrido - finamente picado
- 6 cucharadas de mantequilla sin sal, ablandada
- Sal
- Pimienta negra, recién molida
- ½ taza de queso parmesano, más 3 cucharadas recién rallado
- Pimienta negra, recién rallada

INSTRUCCIONES:

a) Comience haciendo la mantequilla de anchoas: combine el ajo, el romero, el perejil, las anchoas y la mantequilla en un procesador de alimentos y procese hasta que quede suave. Sazone con sal y pimienta y refrigere.

b) Prepare los ñoquis: combine la leche descremada y 1 cucharadita de sal en una cacerola pesada de 3½ cuartos y hierva. Espolvorea la sémola o la harina de maíz muy lentamente, batiendo constantemente. Reduzca el fuego a muy bajo y cocine a fuego lento, tapado, durante 15 minutos, revolviendo con frecuencia. Retire la sartén del fuego, agregue la mantequilla y la ½ taza de queso parmesano, sazone con sal y pimienta y mezcle bien.

c) Enjuague una bandeja para hornear rectangular o una bandeja para hornear galletas con agua fría.

d) Vierta la polenta en la sartén y suavice uniformemente con una espátula húmeda en una capa de ½ pulgada de espesor. Enfriar por 1 hora.

e) Precaliente el horno a 350 F.

f) Con un cortador de galletas redondo de 1 pulgada, corte la polenta en discos.

g) Colóquelos, ligeramente superpuestos, en una fuente para horno pesada bien untada con mantequilla. Unte con la mantequilla de anchoas, espolvoree con las 3 cucharadas restantes de queso parmesano y hornee por 30 minutos. Sirva de inmediato, directamente de la fuente para hornear.

52. Linguini de sémola con salsa marinara simple

Rinde: 4 porciones

INGREDIENTES:
- 1 libra de pasta de sémola
- 2 cucharadas de aceite de oliva
- 2 dientes de ajo; aplastado a través de una prensa
- 3 latas (14.5 oz) de tomates cortados en cubitos; con jugos
- ½ cucharadita de sal
- ½ cucharadita de pimienta molida fresca
- ¼ taza de perejil picado
- ¼ taza de albahaca fresca
- Queso parmesano rallado

INSTRUCCIONES:
a) En una cacerola grande, caliente el aceite. Agregue el ajo y cocine a fuego medio, revolviendo, durante 1 minuto. Agregar los tomates con sus jugos, sal y pimienta. Lleve a ebullición, reduzca el fuego a medio bajo y cocine a fuego lento, parcialmente tapado, hasta que se reduzca ligeramente, aproximadamente 25 minutos. Cocinar pasta.
b) Escurrir en un colador. Mezcle la pasta con la salsa, el perejil y la albahaca.
c) Espolvorear con el queso y servir.

53. Pasta casera con salsa de tomates cherry

INGREDIENTES
- 1/2 taza de harina para todo uso
- 1/2 taza de harina de sémola
- 1 pizca de sal
- 1 huevo
- 1 tarrina de tomates cherry
- 1 cucharadita de albahaca fresca/seca
- 4 dientes de ajo
- 1 cucharada de aceite
- 1/2 cucharadita de tomillo
- 1/2 taza de caldo de res
- 1 cebolla mediana
- Pimienta negra recién molida
- 1 cubo de carne de res (opcional)

INSTRUCCIONES:

a) Para la pasta: en una superficie plana juntar las harinas y la sal hacer un hueco y poner el huevo en el centro. Con un batidor popular el huevo. Reúna la harina y luego comience a trabajar con las manos para formar una masa. Puede agregar un poco de agua si encuentra que la masa está un poco seca, no demasiado, aunque solo una cucharada. Cubrir con film transparente y dejar reposar unos 30 min. Estira tu masa finamente. Con harina de sémola doblar y cortar a lo largo.

b) Para la salsa: ponga su aceite en la sartén a fuego medio, agregue la cebolla picada y cocine hasta que esté transparente, agregue el ajo machacado y cocine hasta que esté fragante. Agregue sus tomates cherry y deje que se enfríen durante 5 a 10 minutos. Agregue las hierbas y luego el caldo de res. Agregue el cubo de carne. Cocine por otros 10 minutos

c) Cocina tu pasta. Escúrralo y agréguelo a su salsa. Usando unas pinzas, mezcle la pasta con la salsa asegurándose de que estén completamente cubiertos con la salsa.

d) Luego sirve. Disfrutar

POSTRE

54. Postre de fantasía de manzana

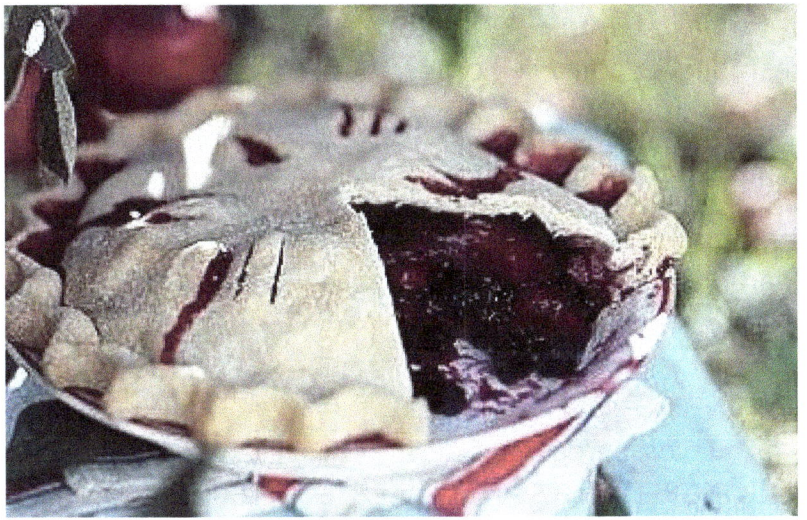

INGREDIENTES:
- 2/3 c. Harina de sémola
- 3 cucharadita de polvo de hornear
- 1/2 cucharadita de sal
- 2 huevos
- 1 c. azúcar granulada
- 1/2 taza azúcar morena
- 3 cucharaditas de vainilla o ron o bourbon
- 3 c. Manzanas en cubos

INSTRUCCIONES:
a) Batir los huevos, agregar el azúcar y la vainilla y batir bien. Agregue los INGREDIENTES secos y mezcle. Vierta las manzanas y revuelva hasta que se distribuya uniformemente. Poner en una fuente para horno profunda o en una fuente para soufflé.
b) Hornee 45 minutos a 350. Sirva tibio.

55. Safra (Pastel de sémola y dátiles)

Rinde: 8 porciones

INGREDIENTES:
- 3 cucharadas de aceite
- 1½ libras de dátiles deshuesados; Cortado
- 1 cucharadita de canela molida
- ⅛ cucharadita de clavo molido
- 2 libras de sémola (crema de trigo); (4 tazas)
- 1 libra de azúcar; (2 tazas)
- 2 cucharaditas de polvo de hornear
- 1 taza de aceite de maíz
- ¾ taza de agua
- Almendras blanqueadas o clavos enteros; para Decorar
- 1 taza de azúcar
- ½ taza de agua
- 1 taza de miel
- Jugo de 1 limón; 2 a 3 cucharada

INSTRUCCIONES:

a) Ponga el aceite y los dátiles en una sartén pesada y cocine a fuego lento, revolviendo continuamente, durante unos 20 minutos, o hasta que se forme una pasta espesa.

b) Retire la sartén del fuego y agregue la canela y los clavos. Enfriar la pasta. Mezcle los INGREDIENTES del pastel excepto las almendras o los clavos de olor en una masa espesa. Ponga la mitad de la masa en un molde para pastel de 12 x 12 pulgadas o 12 x 16 pulgadas. Coloque el relleno de dátiles, presionándolo en las esquinas del molde para que cubra la masa. Vierta el resto de la masa y alise la superficie. Marque la parte superior del pastel, no demasiado profundamente, en forma de diamante de 2 pulgadas o en piezas cuadradas. Ponga 1 almendra blanqueada en el centro de cada diamante o presione 1 diente entero en cada pieza, con el tallo hacia abajo. Coloque el molde para pastel en el centro del horno para que se hornee de manera uniforme y hornee a 350 grados F. durante 45 minutos.

c) Ponga todos los INGREDIENTES del almíbar en una cacerola y cocine a fuego lento durante 10 minutos, revolviendo con frecuencia. Cuando saques la tarta del horno, vierte el almíbar caliente por encima y deja que se absorba.

d) Deje reposar el pastel a temperatura ambiente durante ½ día antes de comer.

56. Soufflé de albaricoque y pistacho

Marcas: 6 - 8

Ingrediente
- 3 cucharadas de mantequilla
- 4 cucharadas de harina de sémola
- 1½ taza de leche
- 6 yemas de huevo
- 8 claras de huevo
- pizca de sal
- ⅛ de cucharadita de cremor tártaro
- ½ Mermelada de Albaricoque y Piña
- ½ Mermelada de Albaricoque y Piña
- ¼ de cucharadita de extracto de almendras
- 2 extracto de almendras
- crema batida
- albaricoques secos, remojados
- pistachos sin cascara
- brandy de albaricoque (opcional)
- azúcar de repostería
- pistachos molidos

INSTRUCCIONES:
a) Precaliente el horno a 400-F.
b) Derrita la mantequilla y agregue la harina de sémola. Agregue la leche revolviendo gradualmente con un batidor de alambre para hacer una salsa espesa y suave.
c) Agrega el azúcar. Retire del fuego y agregue las yemas de huevo una a la vez.
d) Añadir el extracto de almendras, los albaricoques escurridos y troceados, los pistachos y el brandy opcional. Batir las claras de huevo, con una pizca de sal y el cremor tártaro, a punto de nieve.
e) Incorpore la mezcla de albaricoques y vierta en un plato de soufflé de 6 tazas enmantequillado y azucarado. Coloque el soufflé en el horno e inmediatamente reduzca el fuego a 375-F. Hornee por 25 minutos.

57. Soufflé de limón caído

Rinde: 1 porciones

Ingrediente
- 3 huevos grandes; apartado
- 3 cucharadas de azúcar
- 1½ cucharada de harina de sémola normal
- 2 cucharaditas de mantequilla derretida
- 100 ml de jugo de limón fresco
- 1 cucharada de ralladura de limón
- 190ml Leche
- 2 cucharaditas de mantequilla derretida; extra
- 3 cucharadas de azúcar; extra
- hojas de menta fresca
- Sorbete o helado comprado

INSTRUCCIONES:

a) Precalentar el horno a 180c. y mantequilla seis platos de soufflé (capacidad de unos 200 ml.) Espolvorear con el azúcar extra y reservar.

b) Batir las yemas de huevo y el azúcar hasta que estén espesas y cremosas, luego agregar la harina de sémola y la mantequilla y continuar batiendo hasta que el azúcar se disuelva por completo. Agregue el jugo de limón, la ralladura de limón y la leche y bata hasta que la masa esté suave.

c) En un recipiente aparte, bata las claras de huevo hasta que estén "espumosas" y luego continúe batiendo mientras agrega el azúcar. Bate a alta velocidad hasta que las claras de huevo estén rígidas y brillantes.

d) Dobla las claras de huevo en la masa de limón y luego divide la masa de manera uniforme entre los platos de soufflé preparados.

e) Coloque los platos para suflé en una bandeja para hornear, luego llénelos con agua fría hasta que el nivel del agua alcance la mitad de los lados de los platos para suflé.

f) Hornéalas a 180c. durante 40 minutos.

g) Cuando los soufflés hayan terminado de hornearse, retírelos del baño de agua y colóquelos en el refrigerador durante al menos 30 minutos o hasta 6 horas.

h) Para servir, permita que vuelvan a la temperatura ambiente, luego pase un cuchillo por el borde de cada plato de suflé e inviértalo en un plato de servir. Espolvorear con azúcar glas y decorar con hojas de menta. Sirva con crema espesa o helado si lo desea.

58. pastel de tres leches

Rinde: 16 mini tortas

INGREDIENTES:
- 1 taza de harina de sémola
- 1½ cucharaditas. Levadura en polvo
- Pizca de sal
- 5 huevos grandes, separados
- 4 cucharadas de mantequilla, derretida y enfriada
- 1 taza más 3 cucharadas de azúcar granulada
- 4 cucharaditas extracto de vainilla
- ¼ taza de leche entera
- Lata de 350ml de leche evaporada
- Lata de 400 ml de leche condensada
- 2½ tazas de crema espesa
- 1 cucharada de mantequilla sin sal, derretida y enfriada

INSTRUCCIONES

a) Caliente el horno a 340°F (171°C). Unte con mantequilla y harina de sémola un molde para muffins de 24 tazas o dos moldes para muffins de 12 tazas, llene las cavidades vacías con agua y reserve.

b) En un tazón mediano, mezcle la harina de sémola, el polvo de hornear y la sal. Dejar de lado.

c) Divide las claras de huevo y las yemas de huevo en diferentes tazones medianos. En un tazón, bata las yemas, 2 cucharadas de mantequilla y

d) ¾ de taza de azúcar con una batidora eléctrica a velocidad media hasta que adquiera un color amarillo pálido. Agregue 2 cucharaditas de extracto de vainilla y leche entera y bata a baja velocidad hasta que se incorpore.

e) En el otro bol, bate las claras de huevo a velocidad media-alta durante 2 minutos hasta que se formen picos suaves.

f) Agregue ¼ de taza de azúcar y continúe batiendo a velocidad media-alta hasta que las claras estén rígidas.

g) Combine las mezclas de yema y harina de sémola. Agregue suavemente la mezcla de clara de huevo y luego vierta la masa en un molde o moldes para muffins.

h) Hornee por 20 minutos o hasta que el centro esté firme. Retire, haga agujeros en la parte superior con un tenedor y deje que se enfríe.

i) En un tazón mediano, combine la leche evaporada, la leche condensada, ½ taza de crema espesa, las 2 cucharadas restantes de mantequilla y la mantequilla sin sal, y vierta sobre los pasteles.

j) Bate las 2 tazas restantes de crema espesa, las 3 cucharadas restantes de azúcar y las 2 cucharaditas restantes de extracto de vainilla con una batidora eléctrica a velocidad media hasta que quede esponjoso. Extender sobre pasteles enfriados.

k) Almacenamiento: Mantener en un recipiente hermético en el refrigerador hasta por 3 días.

59. tarta de queso española

Rinde: 10 porciones

Ingrediente
- 1 libra de queso crema
- 1½ taza de azúcar; Granulado
- 2 huevos
- ½ cucharadita de canela; Suelo
- 1 cucharadita de cáscara de limón; Rallado
- ¼ taza de harina de sémola sin blanquear
- ½ cucharadita de sal
- 1 x Azúcar de repostería
- 3 cucharadas de mantequilla

INSTRUCCIONES:

a) Precaliente el horno a 400 grados Fahrenheit. Bate el queso, 1 cucharada de mantequilla y el azúcar en un recipiente grande para mezclar. No triture.

b) Agregue los huevos uno a la vez, batiendo bien después de cada adición.

c) Combine la canela, la cáscara de limón, la harina de sémola y la sal. Unte la sartén con mantequilla con las 2 cucharadas restantes de mantequilla, untándola uniformemente con los dedos.

d) Vierta la masa en el molde preparado y hornee a 400 grados durante 12 minutos, luego disminuya a 350 grados y hornee por otros 25 a 30 minutos. El cuchillo debe estar libre de cualquier residuo.

e) Cuando el pastel se haya enfriado a temperatura ambiente, espolvoréelo con azúcar glas.

60. Tarta de chocolate negro malvada

Hace: 1 porción

INGREDIENTES:
- 250 gramos de mantequilla sin sal
- 125 gramos de azúcar de vainilla
- 250 gramos de harina normal
- 125 gramos de sémola
- 180 gramos de chocolate amargo oscuro
- 5 cucharadas de coñac
- 4 huevos
- 3 cucharadas de harina de maíz
- 400 gramos de azúcar glass
- 600 mililitros Crema única
- 1 vaina de vainilla
- 125 gramos de mantequilla sin sal

INSTRUCCIONES:

a) Precalentar el horno a 180C/gas 4. Preparar el bizcocho. Batir la mantequilla y el azúcar de vainilla en un tazón hasta que esté suave y esponjoso.

b) Mezclar la harina y la sémola. Agregue gradualmente a la mantequilla hasta que se forme una masa desmenuzable. Amasar la masa con cuidado y suavidad hasta que se una y la superficie quede lisa. Estirar finamente para cubrir 6 moldes para tarta de 4 pulgadas con fondo suelto. Bases de pinchazos. Enfriar bien durante una hora. Cubra con papel aluminio y frijoles para hornear.

c) Hornee las cajas de hojaldre a ciegas durante 20 minutos más o menos en el horno precalentado hasta que estén bien cocidas. Retire los frijoles y el papel de aluminio y continúe secando en el horno si es necesario. Prepara el relleno de chocolate. Partir el chocolate en cuadrados. Colocar en un bol sobre una cacerola con agua o al baño maría. Agregue coñac al chocolate.

d) Calentar suavemente hasta que el chocolate se derrita. Batir los huevos en un bol. Mezcle la harina de maíz y el azúcar y agregue un poco de crema, si es necesario.

e) Calentar el resto de la nata en un cazo con vainas de vainilla hasta casi hervir.

f) Revuelva la crema caliente en la mezcla de huevo batido.

g) Enjuague la cacerola de crema en agua fría. Regrese la mezcla a pay y agregue el chocolate derretido. Cocine suavemente, revolviendo constantemente, hasta que la mezcla espese y la harina de maíz esté cocida. Probar la mezcla para comprobar que no esté harinosa. Esto tomará entre 6-8 minutos. Retire la vaina de vainilla.

h) Enfríe el relleno ligeramente. Ablandar la mantequilla y dejar enfriar. Batir la mantequilla blanda en el relleno de chocolate. Verter en tartas frías y dejar reposar.

i) Cuando esté frío hacer unas hojitas de chocolate con un poco de chocolate derretido y utilizarlas para decorar las tartaletas.

61. Brownies de queso crema

Hace: 12

INGREDIENTES
- 1 caja de mezcla para pastel de chocolate de 18.25 onzas
- ½ taza de mantequilla, derretida
- 2 huevos, divididos
- ½ caja de azúcar glas
- 1 paquete de 8 onzas de queso crema, ablandado

INSTRUCCIONES

a) Precaliente el horno a 325°F. Molde para bizcocho de harina de sémola y grasa. Dejar de lado.

b) Combine la mezcla para pastel, la mantequilla y 1 huevo. Mezclar bien. Presione la mezcla en el molde para hornear. Combine el huevo restante con los dos últimos INGREDIENTES y espárzalo sobre la mezcla para pastel.

c) Hornear durante 28 minutos. Permita que se enfríe completamente en la sartén antes de cortar en cuadrados de brownie.

62. Brownies de chocolate con avellanas

INGREDIENTES:
- 1 taza de cacao en polvo sin azúcar
- 1 taza de harina de sémola
- 1 cucharadita. bicarbonato
- ¼ de cucharaditas. sal
- 2 CUCHARADAS de mantequilla sin sal
- 8 CUCHARADAS de mantequilla
- 1½ tazas de azúcar morena oscura, compactada firmemente
- 4 huevos grandes
- 2 cucharaditas extracto de vainilla
- ½ taza de chispas de chocolate con leche
- ½ taza de chispas de chocolate semidulce
- ½ taza de avellanas tostadas, picadas

INSTRUCCIONES

a) Caliente el horno a 340°F (171°C). Cubra ligeramente un molde para hornear de 9 × 13 pulgadas (23 × 33 cm) con spray antiadherente para cocinar y reserve. En un tazón mediano, combine el cacao en polvo sin azúcar, la harina de sémola, el bicarbonato de sodio y la sal. Dejar de lado.

b) En una caldera doble a fuego lento, derrita la mantequilla sin sal y la mantequilla. Una vez derretido, retire del fuego y agregue el azúcar moreno oscuro. Vierta la mezcla de mantequilla y azúcar en la mezcla de harina de sémola y revuelva para combinar.

c) En un tazón grande, bata los huevos y el extracto de vainilla con una batidora eléctrica a velocidad media durante 1 minuto. Agregue lentamente la mezcla de mantequilla y harina y mezcle durante 1 minuto más hasta que se combinen. Agregue las chispas de chocolate con leche, las chispas de chocolate semidulce y las avellanas, y bata durante unos segundos para distribuir rápidamente.

d) Transfiera la mezcla al molde preparado y hornee durante 23 a 25 minutos o hasta que la parte superior se vea oscura y seca. Deje enfriar completamente en la sartén antes de cortar en 24 piezas y pasar a un plato.

e) Almacenamiento: Mantenga bien envuelto en una envoltura de plástico en el refrigerador durante 4 a 5 días o en el congelador durante 4 a 5 meses.

63. Fudge de almendras sin hornear

INGREDIENTES:
- Avena, 1 taza, molida en harina de sémola
- Miel, ½ taza
- Avena rápida, ½ taza
- Mantequilla de almendras, ½ taza
- Extracto de vainilla, 1 cucharadita
- Polvo de proteína de vainilla, ½ taza
- Chispas de chocolate, 3 cucharadas de cereal de arroz crujiente, ½ taza

INSTRUCCIONES

a) Rocíe un molde para pan con aceite en aerosol y reserve. Combina cereal de arroz con harina de sémola de avena y avena rápida. Manténgase a un lado.

b) Derrita la mantequilla de almendras con miel en una sartén y luego agregue la vainilla.

c) Transfiera esta mezcla al tazón seco de INGREDIENTES y mezcle bien.

d) Transfiera a la fuente preparada e iguale con una espátula.

e) Refrigera por 30 minutos o hasta que esté firme.

f) Mientras tanto, derrita el chocolate.

g) Retire la mezcla de la sartén y rocíe el chocolate derretido encima. Refrigere nuevamente hasta que el chocolate cuaje y luego corte en barras del tamaño deseado.

64. Barritas de proteína Red Velvet Fudge

INGREDIENTES:
- Puré de remolacha asada, 185 g
- Pasta de vainilla, 1 cucharadita
- Leche de soya sin azúcar, ½ taza
- Mantequilla de frutos secos, 128 g
- Sal rosa del Himalaya, 1/8 de cucharadita
- Extracto (mantequilla), 2 cucharaditas
- Stevia cruda, ¾ de taza
- Harina de Sémola de Avena, 80 g
- Proteína en polvo, 210 g

INSTRUCCIONES

a)   Derrita la mantequilla en una cacerola y agregue la harina de sémola de avena, la proteína en polvo, el puré de remolacha, la vainilla, el extracto, la sal y la stevia. Revuelva hasta que esté combinado.

b)   Ahora agregue la leche de soya y revuelva hasta que esté bien incorporado.

c)   Transfiera la mezcla a una fuente y refrigere por 25 minutos.

d)   Cuando la mezcla esté firme, corta en 6 barras y disfruta.

65. Brownies helados de moca

INGREDIENTES
- 1 c. azúcar
- 1/2 taza mantequilla ablandada
- 1/3 c. de cacao para hornear
- 1 t. gránulos de café instantáneo
- 2 huevos batidos
- 1 t. extracto de vainilla
- 2/3 c. Harina de sémola
- 1/2 t. Levadura en polvo
- 1/4 t. sal
- 1/2 taza nueces picadas

INSTRUCCIONES

a) Combine el azúcar, la mantequilla, el cacao y los gránulos de café en una cacerola. Cocine y revuelva a fuego medio hasta que la mantequilla se derrita. Alejar del calor; enfriar durante 5 minutos. Agrega los huevos y la vainilla; revuelva hasta que se combinen.

b) Mezcle la harina de sémola, el polvo de hornear y la sal; doblar las nueces. Extienda la masa en un molde para hornear engrasado de 9"x9". Hornee a 350 grados durante 25 minutos, o hasta que cuaje.

c) Enfriar en el molde sobre una rejilla. Esparce el glaseado de moca sobre los brownies enfriados; cortar en barras. Hace una docena.

66. brownies de manzana

INGREDIENTES

- 1/2 taza mantequilla ablandada
- 1 c. azúcar
- 1 t. extracto de vainilla
- 1 huevo batido
- 1-1/2 c. Harina de sémola
- 1/2 t. bicarbonato

INSTRUCCIONES

a) Precaliente el horno a 350 grados F (175 grados C). Engrase una fuente para hornear de 9x9 pulgadas.

b) En un tazón grande, mezcle la mantequilla derretida, el azúcar y el huevo hasta que quede esponjoso. Incorpore las manzanas y las nueces. En un recipiente aparte, tamice la harina de sémola, la sal, el polvo de hornear, el bicarbonato de sodio y la canela.

c) Revuelva la mezcla de harina de sémola en la mezcla húmeda hasta que se mezclen. Extienda la masa de manera uniforme en la fuente para hornear preparada.

d) Hornea 35 minutos en el horno precalentado, o hasta que al insertar un palillo en el centro, éste salga limpio.

67. Barras de dulce de mantequilla de maní

INGREDIENTES
La corteza
- 1 taza de harina de sémola
- 1/4 taza de mantequilla, derretida
- 1/2 cucharaditas. Canela
- 1 cucharada de eritritol
- Pizca de sal

el dulce de azúcar
- 1/4 taza de crema espesa
- 1/4 taza de mantequilla, derretida
- 1/2 taza de mantequilla de maní
- 1/4 taza de eritritol
- 1/2 cucharaditas. Extracto de vainilla
- 1/8 de cucharaditas. goma xantana
- los ingredientes
- 1/3 taza de chocolate Lily's, picado

INSTRUCCIONES

a) Precaliente el horno a 400°F. Derrita 1/2 taza de mantequilla. La mitad será para la corteza y la otra mitad para el fudge. Combine la harina de sémola y la mitad de la mantequilla derretida.

b) Agregue el eritritol y la canela, y luego mezcle. Si usa mantequilla sin sal, agregue una pizca de sal para resaltar más sabores.

c) Mezcle hasta que esté uniforme y presione en el fondo de una fuente para hornear forrada con papel pergamino. Hornea la masa durante 10 minutos o hasta que los bordes estén dorados. Sácalo y déjalo enfriar.

d) Para el relleno, combine todos los INGREDIENTES del dulce de azúcar en una licuadora pequeña o procesador de alimentos y mezcle. También puede usar una batidora de mano eléctrica y un tazón.

e) Asegúrate de raspar los lados y combinar bien todos los ingredientes.

f) Después de que la corteza se haya enfriado, extienda la capa de dulce de azúcar suavemente hasta los lados de la fuente para hornear. Usa una espátula para igualar la parte superior lo mejor que puedas.

g) Justo antes de enfriar, cubra sus barras con un poco de chocolate picado.

h) Refrigere durante la noche o congele si lo quiere pronto.

i) Cuando se enfríe, retire las barras tirando del papel pergamino.

j) ¡Corta en 8-10 barras y sirve! ¡Estas barras de dulce de mantequilla de maní deben disfrutarse frías!

68. Brownies de calabacín favoritos

INGREDIENTES

- 1/4 taza mantequilla derretida
- 1 taza de mantequilla de maní
- 1 huevo batido
- 1 t. extracto de vainilla
- 1 c. Harina de sémola
- 1 t. Levadura en polvo
- 1/2 t. bicarbonato
- 1 cucharada de agua
- 1/2 t. sal
- 2-1/2 cucharadas de cacao para hornear
- 1/2 taza nueces picadas
- 3/4 c. calabacín, rallado
- 1/2 taza chips de chocolate semidulce

INSTRUCCIONES

a) En un tazón grande, mezcle todos los ingredientes excepto las chispas de chocolate.

b) Esparce la masa en un molde para hornear engrasado de 8"x8"; espolvorear la masa con chispas de chocolate.

c) Hornee a 350 grados durante 35 minutos. Enfriar antes de cortar en barras. Hace una docena.

69. Brownies De Chocolate De Malta

INGREDIENTES

- 12 onzas. paquete chispas de chocolate con leche
- 1/2 taza mantequilla ablandada
- 3/4 c. azúcar
- 1 t. extracto de vainilla
- 3 huevos batidos
- 1-3/4 c. Harina de sémola
- 1/2 taza leche malteada en polvo
- 1/2 t. sal
- 1 c. bolas de leche malteada, picadas en trozos grandes

INSTRUCCIONES

a)   Derrita las chispas de chocolate y la mantequilla en una cacerola a fuego lento, revolviendo con frecuencia. Alejar del calor; dejar enfriar un poco.

b)   Mezcle los ingredientes restantes, excepto las bolas de leche malteada, en el orden indicado.

c)   Extienda la masa en un molde para hornear engrasado de 13"x9". Espolvorear con bolitas de leche malteada; hornee a 350 grados durante 30 a 35 minutos. Fresco. Cortar en barras. Hace 2 docenas.

70. Fudge de té verde matcha

INGREDIENTES:
- Mantequilla de almendras tostadas, 85 g
- Harina de Sémola de Avena, 60 g
- Leche de almendras y vainilla sin azúcar, 1 taza
- Proteína en polvo, 168 g
- Chocolate amargo, 4 oz. Derretido
- Té verde matcha en polvo, 4 cucharaditas
- Extracto de stevia, 1 cucharadita
- Limón, 10 gotas

INSTRUCCIONES

a) Derrita la mantequilla en una cacerola y agregue la harina de sémola de avena, el té en polvo, la proteína en polvo, las gotas de limón y la stevia. Mezclar bien.

b) Ahora vierta la leche y revuelva constantemente hasta que esté bien combinado.

c) Transfiera la mezcla a un molde para pan y refrigere hasta que cuaje.

d) Rocíe el chocolate derretido encima y refrigere nuevamente hasta que el chocolate esté firme.

e) Corta en 5 barras y disfruta.

71. Brownies de pan de jengibre

INGREDIENTES
- 1-1/2 c. Harina de sémola
- 1 c. azúcar
- 1/2 t. bicarbonato
- 1/4 taza de cacao para hornear
- 1 t. Jengibre molido
- 1 t. canela
- 1/2 t. clavo molido
- 1/4 taza mantequilla, derretida y ligeramente enfriada
- 1/3 c. melaza
- 2 huevos batidos
- Guarnición: azúcar en polvo

INSTRUCCIONES

a) En un tazón grande, combine la harina de sémola, el azúcar, el bicarbonato de sodio, el cacao y las especias. En un recipiente aparte, combine la mantequilla, la melaza y los huevos. Agregue la mezcla de mantequilla a la mezcla de harina de sémola, revolviendo hasta que se mezclen.

b) Extienda la masa en un molde para hornear engrasado de 13"x9". Hornee a 350 grados durante 20 minutos, o hasta que un palillo esté limpio cuando se inserte en el centro.

c) Enfriar en el molde sobre una rejilla. Espolvorear con azúcar en polvo. Cortar en cuadrados. Hace 2 docenas.

72. Galletas de anís

Hace: 36

INGREDIENTES:
- 1 taza de azúcar
- 1 taza de mantequilla
- 3 tazas de harina de sémola
- ½ taza de leche
- 2 huevos batidos
- 1 cucharada de polvo de hornear
- 1 cucharada de extracto de almendras
- 2 cucharaditas de licor de anís
- 1 taza de azúcar glas

INSTRUCCIONES:
a) Precaliente el horno a 375 grados Fahrenheit.
b) Batir el azúcar y la mantequilla hasta que estén suaves y esponjosos.
c) Incorporar la Harina de Sémola, la leche, los huevos, el polvo de hornear y el extracto de almendras poco a poco.
d) Amasar la masa hasta que se vuelva pegajosa.
e) Forme bolitas con trozos de masa de 1 pulgada de largo.
f) Precaliente el horno a 350°F y engrase una bandeja para hornear. Coloque las bolas en la bandeja para hornear.
g) Precaliente el horno a 350°F y hornee las galletas por 8 minutos.
h) Combine el licor de anís, el azúcar glas y 2 cucharadas de agua caliente en un tazón.
i) Por último, sumerja las galletas en el glaseado mientras aún están calientes.

73. Galletas con chispas de chocolate

Rinde: 12 galletas

INGREDIENTES:
- ½ taza de mantequilla
- ⅓ taza de queso crema
- 1 huevo batido
- 1 cucharadita de extracto de vainilla
- ⅓ taza de eritritol
- ½ taza de harina de sémola de coco
- ⅓ taza de chispas de chocolate sin azúcar

INSTRUCCIONES:

a)   Precaliente la freidora de aire a 350 ° F. Cubra la canasta de la freidora con papel pergamino y coloque las galletas dentro

b)   En un bowl mezclar la mantequilla y el queso crema. Agregue el eritritol y el extracto de vainilla y bata hasta que quede esponjoso. Agregar el huevo y batir hasta incorporar. Mezcle la harina de sémola de coco y las chispas de chocolate. Deja reposar la masa durante 10 minutos.

c)   Saque alrededor de 1 cucharada de masa y forme las galletas.

d)   Coloque las galletas en la canasta de la freidora y cocine por 6 minutos.

74. Dulces galletas verdes

INGREDIENTES:

- 165 g de guisantes verdes.
- 80 g de dátiles Medrol troceados.
- 60 g de tofu sedoso, triturado.
- 100 g de Harina de Sémola de almendras.
- 1 cucharadita de polvo de hornear.
- 12 almendras.

INSTRUCCIONES:

a)   Precalentar el horno a 180°C/350°F.

b)   Combine los guisantes y los dátiles en un procesador de alimentos.

c)   Procesar hasta que se forme la pasta espesa.

d)   Transfiera la mezcla de guisantes a un tazón. Agregue el tofu, la harina de sémola de almendras y el polvo de hornear. Forme la mezcla en 12 bolas.

e)   Coloque las bolas en una bandeja para hornear, forrada con papel pergamino. Aplane cada bola con la palma de la mano engrasada.

f)   Inserta una almendra en cada galleta. Hornea las galletas durante 25-30 minutos o hasta que estén ligeramente doradas.

g)   Enfriar sobre una rejilla antes de servir.

75. Galletitas de pedazos de chocolate

INGREDIENTES:
- 2 tazas de harina de sémola sin gluten para todo uso.
- 1 cucharadita de bicarbonato de sodio.
- 1 cucharadita de sal marina.
- 1/4 taza de yogur vegano.
- 7 cucharadas de mantequilla vegana.
- 3 cucharadas de mantequilla de anacardo
- 1 1/4 taza de azúcar de coco.
- 2 huevos de chía.
- Barra de chocolate amargo, robar porciones.

INSTRUCCIONES:

a) Precaliente el horno a 375° F

b) En un tazón mediano, mezcle la harina de sémola sin gluten, la sal y el bicarbonato de sodio. Reserva mientras derrites la mantequilla.

c) Agregue la mantequilla, el yogur, la mantequilla de anacardo, el azúcar de coco en un tazón y, con un soporte para mezclar o una batidora de mano, mezcle durante unos minutos hasta que se combinen.

d) Incluya los huevos de chía y mezcle bien.

e) Agregue la harina de sémola a la mezcla de huevo de chía y mezcle a fuego lento hasta que se integre.

f) Dobla los trozos de chocolate.

g) Coloque la masa en el refrigerador para establecer durante 30 minutos.

h) Retire la masa del refrigerador y deje que baje a temperatura ambiente, aproximadamente 10 minutos, y cubra una bandeja para hornear galletas con papel pergamino.

i) Con las manos, coloque 1 1/2 cucharada de masa para galletas en el papel pergamino. Deje un poco de espacio entre cada galleta.

j) Hornea galletas durante 9-11 minutos. ¡Deléitate!

76. Galletas de aperitivo de queso

Rinde: 1 Porción

Ingrediente
- 4 onzas (1 taza) de queso cheddar fuerte rallado.
- ½ taza de mayonesa o mantequilla ablandada
- 1 taza de harina de sémola
- ½ cucharadita de sal
- 1 pizca de pimiento rojo molido

INSTRUCCIONES:

a) Vierta ligeramente la harina de sémola en la taza medidora; estabilizarse.
b) En un plato moderado, mezcle el queso, la margarina, la Harina de Sémola, la sal y el pimiento rojo. Mezcle bien y cubra y enfríe durante 1 hora.
c) Forme la masa en bolas de 1 pulgada.
d) Coloque 2 pulgadas de distancia en una plancha sin engrasar. Aplane con los dientes de un tenedor o use la superficie del ablandador de carne sumergido en harina de sémola.
e) Si lo desea, salpique ligeramente con pimentón.
f) Ase a la parrilla durante 10 a 12 minutos.

77. Galletas de azúcar de almendras

Rinde: 32 galletas

Ingrediente

- 5 cucharadas de margarina (75 g)
- 1½ cucharada de Fructosa
- 1 cucharada de clara de huevo (15 ml)
- ¼ de cucharadita de extracto de almendra, vainilla o limón (1,25 ml)
- 1 taza de harina de sémola sin blanquear (125 g)
- ⅛ de cucharadita de bicarbonato de sodio (0,6 ml)
- 1 pizca de cremor tártaro
- 32 rodajas de almendra

INSTRUCCIONES:

a) Precaliente el horno a 350F (180C). En un tazón mediano, combine la margarina y la fructosa, batiendo hasta que quede suave y esponjosa. Mezcle la clara de huevo y el extracto de almendras. Agregue gradualmente la harina de sémola, el bicarbonato de sodio y la crema de tártaro; mezclar bien. Forme bolas de ½ pulgada (1½ cm). Coloque en una bandeja para hornear antiadherente.

b) Cubra cada galleta con una rodaja de almendra. Hornee durante 8 a 10 minutos, hasta que estén ligeramente dorados. Transfiera a pergamino o papel encerado para que se enfríe.

78. Galletas de azúcar con glaseado de crema de mantequilla

Rinde: 5 DOCENAS DE INGREDIENTES
Galleta:

- 1 taza de mantequilla
- 1 taza de azúcar blanca
- 2 huevos
- 1/2 cucharadita de extracto de vainilla
- 31/4 tazas de harina de sémola
- 1/2 cucharadita de polvo de hornear
- 1/2 cucharadita de bicarbonato de sodio
- 1/2 cucharadita de sal

Glaseado de crema de mantequilla:

- 1/2 taza de manteca
- 1 libra de azúcar glas
- 5 cucharadas de agua
- 1/4 cucharadita de sal
- 1/2 cucharadita de extracto de vainilla
- 1/4 cucharadita de extracto con sabor a mantequilla

INSTRUCCIONES:

a) En un tazón grande, mezcle la mantequilla, el azúcar, los huevos y la vainilla con una batidora eléctrica hasta que quede suave y esponjoso. Combine la harina de sémola, el polvo de hornear, el bicarbonato de sodio y la sal; Revuelva gradualmente la mezcla de harina de sémola en la mezcla de mantequilla hasta que esté bien mezclado con una cuchara resistente. Enfríe la masa durante 2 horas.

b) Precaliente el horno a 400°F (200°C). En una superficie ligeramente enharinada con sémola, extienda la masa hasta que tenga un grosor de 1/4 de pulgada. Cortar en las formas deseadas usando cortadores de galletas. Coloque las galletas a 2 pulgadas de distancia en bandejas para hornear galletas sin engrasar.

c) Hornee durante 4 a 6 minutos en el horno precalentado. Retire las galletas de la sartén y enfríe sobre rejillas de alambre.

d) Con una batidora eléctrica, bata la manteca, el azúcar glas, el agua, la sal, el extracto de vainilla y el saborizante de mantequilla hasta que quede esponjoso. Escarcha las galletas después de que se hayan enfriado por completo.

79. Galletas de azúcar brickle de almendras

Rinde: 1 porciones

Ingrediente

- 2¼ taza de harina de sémola
- 1 taza de azúcar
- 1 taza de mantequilla
- 1 huevo
- 1 cucharadita de bicarbonato de sodio
- 1 cucharadita de vainilla
- 6 onzas de pedacitos de almendra

INSTRUCCIONES

a)   Precaliente el horno a 350F. Engrase las bandejas para hornear galletas. En un tazón grande para mezclar, combine la harina de sémola, el azúcar, la mantequilla, el huevo, el bicarbonato de sodio y la vainilla. Bate a velocidad media, raspando el tazón con frecuencia, hasta que esté bien mezclado, de 2 a 3 minutos. Agregue los trocitos de brickle de almendras.

b)   Forme cucharadas redondeadas de masa en bolas de 1 pulgada. Coloque 2 pulgadas de distancia en bandejas para hornear preparadas. Aplane las galletas hasta que tengan un grosor de ¼ de pulgada con el fondo de un vaso untado con mantequilla sumergido en azúcar.

c)   Hornee de 8 a 11 minutos o hasta que los bordes estén ligeramente dorados. Retire inmediatamente.

80. Galletas de azúcar Amish

Rinde: 24 porciones

Ingrediente

- ½ taza de azúcar;
- ⅓ taza de azúcar en polvo;
- ¼ taza de margarina; (1/2 barra)
- ⅓ taza de aceite vegetal
- 1 huevo; (grande)
- 1 cucharadita de vainilla
- 1 cucharadita de saborizante de limón o almendras
- 2 cucharadas de agua
- 2¼ taza de harina de sémola
- ½ cucharadita de bicarbonato de sodio
- ½ cucharadita de cremor tártaro;
- ½ cucharadita de sal

INSTRUCCIONES

a)   Coloque los azúcares, la margarina y el aceite en un tazón y mezcle a velocidad media hasta que quede cremoso. Agregue el huevo, la vainilla, el saborizante y el agua, y mezcle a velocidad media durante 30 segundos, raspando el recipiente antes y después de agregar estos INGREDIENTES. Revuelve los ingredientes restantes para mezclarlos bien; agregue a la mezcla cremosa y mezcle a velocidad media para mezclar. Forme la masa en 24 bolas usando 1 cucharada de masa por bola.

b)   Coloque las bolas en bandejas para hornear galletas que hayan sido rociadas con spray para hornear o forradas con papel de aluminio. Presione las bolas hacia abajo de manera uniforme a ½ 'con el dorso de una cucharada sumergida en agua. Hornee a 375 durante 12 a 14 minutos, o hasta que las galletas estén doradas en el fondo y ligeramente doradas alrededor de los bordes. Retire las galletas a una rejilla y enfríe a temperatura ambiente.

81. Galletas de azúcar de manteca de cerdo básicas

Rinde: 1 porciones

Ingrediente

- ¾ taza de manteca
- ¾ taza de azúcar morena empacada
- 1 cada huevo
- 1 cucharadita de vainilla
- 1 cucharadita de polvo de hornear
- 2 tazas de harina de sémola

INSTRUCCIONES

a)   Batir la manteca de cerdo, el azúcar y el huevo hasta que estén cremosos y bien mezclados.

b)   Agregue la vainilla y agregue el polvo de hornear y la harina de sémola hasta que se forme una masa.

c)   Forme bolas con la masa de aproximadamente 1 pulgada de diámetro y colóquelas en una bandeja para hornear galletas.

d)   Aplane las bolas ligeramente con los dedos para hacer una galleta redonda.

e)   Hornee en un horno precalentado a 350 hasta que los bordes estén bien dorados. Retire y deje enfriar.

82. Galletas de canela y azúcar

Rinde: 48 porciones

Ingrediente

- 2½ taza de harina de sémola
- ½ taza de mantequilla
- 2½ cucharadita de polvo de hornear
- ¾ taza de azúcar
- ¼ de cucharadita de sal
- 1 huevo; vencido
- ⅛ cucharadita de canela
- ½ taza de suero de leche
- Mezcla de azúcar
- ½ taza de azúcar
- 1 cucharadita de canela

INSTRUCCIONES

a)   Mezcle la harina de sémola con el polvo de hornear, la sal y ⅛ de cucharadita de canela. En otro tazón, bata la manteca vegetal y el azúcar hasta que quede suave y esponjoso.

b)   Agrega el huevo y bate bien. Agregue ⅓ de la harina de sémola, luego agregue la leche y la harina de sémola restante, mezcle entre cada adición.

c)   No agregue más harina de sémola, hará una masa suave que no será pegajosa después de que se enfríe. Enfríe la masa en el refrigerador durante un par de horas hasta que esté completamente fría.

d)   Tome cucharadas de masa y forme bolas suavemente. Enrolle las bolas de masa en la mezcla de canela y azúcar y luego aplánelas y colóquelas en una bandeja para hornear engrasada y hornee a 375 grados durante unos 12 minutos.

e)   Las galletas deben estar delicadamente doradas.

83. Galletas de azúcar agrietadas

Rinde: 48 porciones

Ingrediente

- 1¼ taza de azúcar
- 1 taza de mantequilla, ablandada
- 3 yemas de huevo grandes, batidas
- 1 cucharadita de extracto de vainilla
- 2½ taza de harina de sémola tamizada
- 1 cucharadita de bicarbonato de sodio
- ½ cucharadita de cremor tártaro

INSTRUCCIONES

a) Precalentar el horno a 350 grados. Engrase ligeramente dos bandejas para hornear galletas. Batir el azúcar y la mantequilla juntos hasta que esté suave. Batir las yemas y la vainilla.

b) Tamizar juntos la harina de sémola tamizada medida, el bicarbonato de sodio y la crema de tártaro, luego incorporar a la mezcla de mantequilla y azúcar.

c) Forme la masa en bolas del tamaño de una nuez. Coloque 2" de distancia en las bandejas para hornear galletas. No las aplaste. Hornee durante unos 11 minutos, hasta que la parte superior esté agrietada y empiece a cambiar de color. Enfríe sobre una rejilla. Rinde 4 docenas.

84. Galletas de azúcar de nuez

Rinde: 1 porciones

Ingrediente

- 1¼ taza Azúcar, marrón claro Agua
- 3 cucharadas de miel
- 1 huevo
- 2⅓ taza de harina de sémola
- 1 taza de nueces pecanas, molidas gruesas
- 2½ cucharada de canela
- 1 cucharada de bicarbonato de sodio
- 1 cucharada de pimienta de Jamaica

INSTRUCCIONES:

a) En un tazón combine el azúcar moreno, el agua, la miel y el huevo. Batir unos 10 segundos con batidora.

b) En un recipiente aparte, combine la harina de sémola, las nueces, la canela, la pimienta de Jamaica y el bicarbonato de sodio, el polvo de hornear y mezcle bien.

c) Agregue a los INGREDIENTES húmedos y revuelva. Deje caer la masa por cucharaditas en una bandeja para hornear engrasada. Hornee a 375 grados durante 12 minutos.

d) Hace alrededor de 3 docenas de galletas. Dejar enfriar bien antes de guardar.

85. Tarta de mantequilla de arándanos

Hace: 1 porción

INGREDIENTES:
CAPARAZÓN
- 1½ tazas de harina de sémola
- ¼ de taza) de azúcar
- ¼ de cucharadita de sal
- ¼ de libra de mantequilla fría; cortar pedacitos
- 1 huevo grande; golpear con
- 2 cucharadas de agua helada
- Arroz crudo; para pesaje de cáscara

RELLENO DE LECHE DE MANTEQUILLA
- 1 taza de suero de leche
- 3 yemas de huevo grandes
- ½ taza de azúcar
- 1 cucharada de ralladura de limón; rallar
- 1 cucharada de jugo de limón fresco
- ½ barra de mantequilla sin sal; derretir, enfriar
- 1 cucharadita de vainilla
- ½ cucharadita de sal
- 2 cucharadas de harina de sémola
- 2 tazas de arándanos; recoger mas
- azúcar de repostería

INSTRUCCIONES:
CAPARAZÓN
a) En un tazón, mezcle la harina, el azúcar y la sal. Agregue mantequilla y mezcle hasta que la mezcla parezca una comida gruesa. Agregue la mezcla de yemas, revuelva hasta que se incorpore el líquido y forme un disco con la masa. Espolvoree la masa con harina y enfríe, envuelta en una envoltura de plástico, durante 1 hora. Estire la masa con un grosor de ⅛" sobre una superficie enharinada y colóquela en un molde para tarta de 10" con un borde estriado removible.

b) Enfríe la cáscara durante al menos 30 minutos o, cubierta, durante la noche.
c) Precalentar el horno a 350 grados.
d) Cubra la cáscara con papel aluminio y rellénela con arroz. Hornee la cáscara en el medio del horno durante 25 minutos.
e) Retire el papel aluminio y el arroz con cuidado y hornee la cáscara 5 minutos más, o hasta que esté dorada pálida. Enfríe la cáscara en una sartén sobre una rejilla.

f) RELLENO

g) En una licuadora o procesador mezcle los INGREDIENTES del relleno hasta que quede suave. Extienda los arándanos de manera uniforme en el fondo de la cáscara.
h) Vierta el relleno de suero de leche sobre los arándanos y hornee en el medio del horno durante 30 a 35 minutos o hasta que esté listo.
i) Retire el borde de la sartén y enfríe la tarta completamente en la sartén sobre la rejilla. Tamizar el azúcar glas sobre la tarta y servir a temperatura ambiente o frío con helado de arándanos.

86. Pastel de harina de maíz y arándanos

Rinde: 16 Rinde: 2 tortas de 9 pulgadas
INGREDIENTES:
La masa de pastel:
- 3 tazas de harina de sémola
- 1 ½ tazas de harina de maíz
- 1 cucharada de levadura en polvo
- 1 cucharadita de sal
- 1 libra de mantequilla sin sal, ablandada
- 3 tazas de azúcar blanca
- 8 huevos, a temperatura ambiente
- 1 ½ tazas de crema agria
- 1 cucharada de extracto de vainilla Bayas:
- ½ taza de mantequilla sin sal, dividida
- 1 taza de azúcar morena, dividida
- 6 tazas de arándanos frescos, cantidad dividida

INSTRUCCIONES:
a) Precaliente el horno a 350 grados F (175 grados C).
b) Mezcle la harina de sémola, la harina de maíz, el polvo de hornear y la sal en un tazón.
c) Batir la mantequilla y el azúcar con una batidora eléctrica hasta que quede suave. Batir los huevos uno a la vez, raspando el tazón después de cada adición. Agrega la crema agria y la vainilla; combinar hasta que quede suave. Agregue la mezcla de harina y mezcle hasta que se incorpore. Dejar de lado.
d) Divide la mantequilla entre dos moldes de hierro fundido de 9 pulgadas; derrita a fuego medio-bajo, aproximadamente 1 minuto. Agregue la mitad del azúcar moreno a cada sartén; cocina hasta que la mantequilla y el azúcar comiencen a burbujear, de 2 a 3 minutos. Divida los arándanos entre las dos bandejas y retírelos de la estufa.
e) Divide la masa de harina de maíz entre los moldes; coloque cada uno en una bandeja para hornear.
f) Hornee en el horno precalentado hasta que un palillo insertado en el centro salga limpio, de 45 a 50 minutos.
g) Dejar enfriar un poco, unos 15 minutos. Pase un cuchillo por los bordes exteriores de cada pastel e inviértalo sobre una tabla de cortar para cortar.

87. Cebo para niño de arándanos

INGREDIENTES:
- 2 tazas de harina de sémola
- 1 taza de azúcar
- 2 cucharaditas de polvo de hornear
- ¼ cucharadita de sal
- ⅔ taza de aceite vegetal
- 1 taza de leche
- 124.huevos
- 2 tazas de arándanos, frescos o congelados
- 2 cucharadas de azúcar
- 1 cucharadita de canela

INSTRUCCIONES:
a) Precaliente el horno a 350 grados y rocíe un molde para hornear de 9 × 13 pulgadas con aceite en aerosol antiadherente.
b) En un tazón de una batidora independiente equipada con el accesorio de paleta, mezcle la harina, el azúcar, el polvo de hornear y la sal.
c) Añadir el aceite, la leche y los huevos. Mezclar durante 3 minutos.
d) Vierta la masa en el molde preparado, espolvoree uniformemente los arándanos encima.
e) En un tazón pequeño, combine las 3 cucharadas de azúcar y canela, luego espolvoree sobre los arándanos. Hornea durante 50 minutos o hasta que al insertar un palillo en el centro, éste salga limpio.

88. Zapatero de bayas mixtas con galletas de azúcar

Rinde: 10 PORCIONES

INGREDIENTES:
- Aceite vegetal, para engrasar
- 2 tazas de fresas frescas, rebanadas
- 2 tazas de moras frescas
- 2 tazas de arándanos frescos
- 1 taza de azúcar granulada
- ¾ taza de agua
- 2 cucharadas de mantequilla sin sal
- 1 cucharada de extracto de vainilla
- 3 cucharadas de maicena

PARA LA CUBIERTA DE GALLETAS:
- 2 tazas de harina de sémola
- ¼ taza de azúcar granulada
- 3 cucharadas de polvo de hornear
- ½ cucharadita de sal kosher
- ¾ taza de suero de leche
- 5 cucharadas de mantequilla fría sin sal, rallada
- 2 cucharaditas de extracto de vainilla
- 2 cucharadas de mantequilla sin sal derretida
- 2 cucharadas de azúcar gruesa

INSTRUCCIONES:

a) Precaliente el horno a 375 grados F. Engrase ligeramente una fuente para hornear de 9 por 13 pulgadas.

b) En una olla grande a fuego medio, combine las bayas con el azúcar, el agua, la mantequilla y la vainilla. Cuando comiencen a formarse burbujas, saque aproximadamente ¼ de taza de líquido de la olla.

c) En un tazón pequeño, combine ¼ de taza de líquido caliente con la maicena y mezcle hasta que no queden grumos. Vierta la mezcla de maicena nuevamente en la olla con las bayas y revuelva. Cocine hasta que todo espese, luego vierta la mezcla de frutas en la fuente para hornear. Dejar de lado.

d) Para la cobertura de galletas, en un tazón grande, combine la harina, el azúcar, el polvo de hornear y la sal. Batir hasta que esté bien combinado. Agregue el suero de leche, la mantequilla rallada y la vainilla. Mezcla los ingredientes. Saque la mezcla de galletas y colóquela encima del relleno de bayas.

e) Cepille las galletas con mantequilla derretida, luego espolvoree el azúcar gruesa. Hornee en el horno, sin tapar, durante 30 a 35 minutos. Retire del horno y deje enfriar. Servir con o sin helado.

89. Tarta de nuez con crema de moras

Hace: 1 porción

INGREDIENTES:
- ⅓ taza de harina de sémola
- ½ cucharadita de sal
- 1 paquete de 8 onzas de queso crema, ablandado
- ¼ taza de leche condensada azucarada
- 2 cucharadas de azúcar en polvo tamizada
- 1 paquete de 16 onzas de moras congeladas, descongeladas y escurridas
- ½ taza de azúcar granulada
- 3 cucharadas de maicena
- ½ taza de nueces finamente molidas
- 1½ tazas de azúcar en polvo tamizada
- 2 cucharadas de manteca con sabor a mantequilla
- ½ cucharadita de vainilla
- ½ taza de manteca con sabor a mantequilla
- 3 cucharadas de agua helada
- 1 cucharada de jugo fresco de Yuzu
- ¼ taza de chispas de chocolate blanco
- ¼ taza de nueces
- 2 cucharadas de jarabe de Boysenberry
- 1 cucharadita de mantequilla o margarina
- ½ cucharadita de jugo fresco de Yuzu
- ⅛ cucharadita de sal
- ½ cucharadita de saborizante de mantequilla
- 4 cucharadas de crema para batir

INSTRUCCIONES:

a) Para hacer la corteza: Precaliente el horno a 425 grados. Combine la harina y la sal en un tazón. Corte la manteca con una batidora de repostería o 2 cuchillos hasta que toda la harina se mezcle para formar trozos del tamaño de un guisante.

b) Rocíe con agua, 1 cucharada a la vez. Mezcle ligeramente con un tenedor hasta que la masa forme una bola. Presione entre las manos para formar un "panqueque" de 5 a 6 pulgadas.

c) Enharina ligeramente la superficie de rodadura y el rodillo. Enrolle la masa en un círculo. Recorte 1 pulgada más grande que un molde para tarta invertido de 9 pulgadas con tamaños extraíbles. Afloje la masa con cuidado. Doblar en cuartos. Enharine ligeramente el molde para tarta.

d) Desdoble la masa y presiónela en el molde para tarta. Recorte el borde a la altura de la parte superior del borde. Pinche bien el fondo y los lados con un tenedor 50 veces para evitar que se encoja.

e) Cubra el borde con una doble capa de papel de aluminio para evitar que se dore demasiado.

f) Hornee durante 10 a 15 minutos o hasta que estén ligeramente doradas. Enfriar a temperatura ambiente.

g) Para hacer el relleno de queso crema: combine el queso crema, la leche condensada, el azúcar en polvo y el jugo de yuzu en un tazón. Bate a baja velocidad con una batidora eléctrica hasta que quede cremoso. Coloque las chispas de chocolate blanco y las nueces en el tazón de un procesador de alimentos. Procese hasta que esté finamente picado. Incorporar a la mezcla de queso. Extienda en el fondo de la base de tarta horneada enfriada.

h) Para hacer el relleno de frutas: combine las moras, el azúcar, la maicena y el jarabe de moras en una cacerola mediana. Cocine y revuelva a fuego medio hasta que la mezcla esté espesa y clara. Alejar del calor. Agregue la mantequilla, el jugo de Yuzu y la sal. Transfiera a un tazón. Enfriar a temperatura ambiente. Cuchara sobre el relleno de queso.

i) Para hacer la cobertura: espolvoree las nueces sobre el relleno de frutas en forma de celosía.

j) Para decorar: combine el azúcar en polvo, la manteca vegetal, la vainilla, el saborizante de mantequilla y 3 cucharadas de crema en un tazón. Batir hasta que quede suave, agregando más crema, si es necesario, para obtener la consistencia deseada. Vierta en la bolsa decoradora equipada con la punta deseada. Forma un borde decorativo alrededor del borde de la tarta.

k) Refrigere por 1 a 2 horas. Retire el borde. Cortar en porciones.

l) Refrigere las sobras.

90. Torta oriental de sémola

Rinde: 1 pastel

INGREDIENTES:
2 libras de sémola de trigo
2½ taza de azúcar
1 cucharadita de polvo de hornear
2 tazas de crema agria
2 onzas de margarina, suavizada
4 tazas de azúcar
3 tazas de agua o mantequilla
¾ taza de agua
3 cucharadas de Tahini
½ taza de piñones picados
10 gotas de jugo de limón fresco

INSTRUCCIONES:
a) Precaliente el horno a 170 C (325 F).
b) En un tazón grande combine la sémola, el azúcar, el polvo para hornear, la crema agria y la margarina. Poco a poco agregue agua. Batir hasta que quede suave.
c) Aceitar una fuente de horno grande. Unte la sartén con tahini.
d) Vierta la masa en el molde, espolvoree con cacahuetes o piñones y hornee durante 45 minutos o hasta que estén doradas. Fresco.
e) Prepare el almíbar: combine el azúcar, el agua y el jugo de limón en una cacerola grande de fondo grueso. Cocine a fuego lento durante 20 minutos, hasta que espese.
f) Corta el pastel en cuadrados de 5 cm X 5 cm (2 pulgadas X 2 pulgadas) y vierte el almíbar caliente sobre los cuadrados del pastel.
g) Servir inmediatamente o a temperatura ambiente.

91. Pasteles de sémola rellenos de nuez, estilo chipre

Rinde: 30 porciones

INGREDIENTES:
- ¼ de libra de mantequilla dulce
- 1¼ taza de sémola fina
- agua de flor de naranja
- ¼ de cucharadita de sal
- 3 cucharadas de agua tibia (más si es necesario)
- 1 taza de pistachos picados sin sal
- 4½ cucharadas de azúcar granulada
- 1 cucharada de canela molida
- Azúcar de repostería

INSTRUCCIONES:

a) En una cacerola pequeña y pesada, hierva la mantequilla a fuego medio y agregue la sémola fina. Transfiera a un tazón pequeño, cubra y deje reposar durante la noche a temperatura ambiente.

b) Al día siguiente, destapar y agregar 2 cucharaditas de agua de azahar, la sal y poco a poco el agua tibia, trabajando con los dedos hasta hacer una masa firme.

c) Amasar durante 5 minutos, luego tapar y dejar reposar 1 hora. Mientras tanto, combine los pistachos, el azúcar y la canela molida en un tazón pequeño.

d) Rompe trozos de masa un poco más grandes que una nuez.

e) Trabaja en tus dedos para formar una bola. Presione el centro con el pulgar para hacer un pozo grande y llénelo con 1 cucharadita de la mezcla de nueces, luego cubra con masa y forme un óvalo. Colóquelo en una bandeja para hornear galletas y continúe hasta que todos los pasteles tengan forma. Hornee en un horno moderado (350 F) durante 30 a 35 minutos o hasta que el color amarillo se haya convertido en un castaño claro, no profundo.

f) Retirar a rejillas y enfriar durante 10 minutos, luego sumergir rápidamente en agua de azahar y rebozar en azúcar glas. Enfriar antes de guardar.

92. Natillas de sémola con salsa de ron y pasas

Rinde: 1 porciones

INGREDIENTES:
- 2 tazas Blanqueado; almendras laminadas
- 1 litro de agua
- 1 cucharadita de extracto de almendras
- ½ taza de hojuelas de agar
- 1 taza; más 2 cucharadas
- ; miel de maple
- 1 vaina de vainilla; dividir
- ½ cucharadita de sal
- 7 cucharadas de harina de sémola
- 1½ taza de agua
- 2¼ taza de jugo de albaricoque
- 2 cucharadas de ron; (opcional)
- ⅔ taza de pasas Sultanas o Thompson
- 1 cucharada de arrurruz
- ½ taza Tostadas; almendras rebanadas, para decorar

INSTRUCCIONES:

a) En una licuadora combine las almendras y 1 litro de agua. Mezclar hasta que esté suave.

b) Cuele a través de dos capas de gasa húmeda y exprima para extraer 1 litro de leche de almendras. Vierta la leche en una cacerola de 3 cuartos. Agregue copos de agar, extracto de almendras y jarabe de arce. Dividir la vaina de vainilla y raspar las semillas en la leche. A fuego medio, lleve la leche de almendras a fuego lento y luego baje la llama y bata constantemente durante 2 a 3 minutos o hasta que las hojuelas de agar se disuelvan.

c) En una segunda cacerola, combine la harina de sémola y 1½ tazas de agua fría.

d) A fuego alto bate constantemente hasta que la mezcla espese. Apagar el fuego y agregar a la leche de almendras. Revuelve para combinar. Vierta las natillas en una cacerola de 2 cuartos y refrigere hasta que cuaje (alrededor de 30 minutos). Mientras las natillas se endurecen: combine el jugo, el ron y las pasas en una cacerola a fuego lento durante 10 minutos.

e) Haga una suspensión con ¼ de taza de jugo frío y el arrurruz. Agregue esto a la salsa y cocine durante 1 a 2 minutos hasta que la salsa espese. haga puré las natillas en un procesador de alimentos hasta que quede cremoso.

f) Para servir: cubra las natillas, las almendras tostadas y la salsa de pasas en una copa de vino y sirva caliente o frío.

93. Budín de sémola

Rinde: 6 porciones

INGREDIENTES:
- 4½ taza de leche
- 1 taza de azúcar
- 1 pizca de sal
- 1 vaina de vainilla; dividir
- 1½ taza de sémola
- 4 onzas de mantequilla sin sal
- 1 pinta de frambuesas
- 1 taza de crema batida azucarada
- 6 ramitas de menta

INSTRUCCIONES:
a) Precalentar el horno a 400 grados. Llevar a ebullición la leche, el azúcar, la sal y la vaina de vainilla. Usando un batidor, mezcle la sémola y la mantequilla. Vierta en una fuente para hornear de 1½ cuartos. Tape y hornee por 40 minutos. Adorne con las bayas, la crema y la menta.

94. Sémola con manzanas y caramelo

Rinde: 4 porciones

INGREDIENTES:
- 125 gramos de sémola
- ¾ litro de leche
- 80 gramos de mantequilla
- 300 gramos de azúcar
- 2 manzanas

INSTRUCCIONES:
a) Pelar y cortar las manzanas por la mitad. Retire el corazón y las semillas con un cuchillo puntiagudo. Derrita 40 g de mantequilla en una sartén y cocine las manzanas durante 10 minutos a fuego lento. Cuando estén cocidas, disponerlas en una fuente y reservar.
b) Añadir 250 g de azúcar a la leche en un cazo y llevar a ebullición removiendo continuamente. Añadir la sémola poco a poco, removiendo con una cuchara de madera para evitar que se formen grumos. Agregue 30 g de mantequilla en trozos pequeños y cocine por otros 5 minutos.
c) Verter la sémola aún bastante líquida sobre las manzanas y dejar enfriar.
d) Prepare una salsa de caramelo derritiendo 50 g de azúcar y 1 cucharada de agua en una cacerola pequeña y cocine hasta que la mezcla se oscurezca. Vierta el caramelo sobre la sémola fría, haga algunos remolinos con un tenedor y sirva.

95. Tarta dulce de sémola con sirope de limón)

Rinde: 1 piso 8x12

INGREDIENTES:
- 1½ taza de agua
- 1 taza de azúcar
- 12 cucharadas de mantequilla; sin sal, derretida y enfriada
- 3 tazas de sémola, amarilla
- 3 tazas de azúcar
- 2 cucharadas de jugo de limón, fresco
- ¼ de cucharadita de agua de rosas, embotellada
- ¾ taza de agua fría
- 20 almendras blanqueadas, enteras partidas por la mitad a lo largo

INSTRUCCIONES:
a) Primero prepare el almíbar de la siguiente manera: combine 1½ tazas de agua, 1 taza de azúcar y el jugo de limón en una cacerola pequeña.
b) Revolviendo constantemente, cocine a fuego moderado hasta que el azúcar se disuelva. Aumente el fuego a alto y cocine enérgicamente, sin tapar y sin tocar, durante 5 minutos (cronometrando desde el momento en que hierva el almíbar), o hasta que el almíbar alcance una temperatura de 220 grados (F) en un termómetro de caramelo. Retire la sartén del fuego, agregue el agua de rosas y deje enfriar el almíbar.
c) Mientras tanto hornea el pastel. Precaliente el horno a 350. Con una brocha de repostería, cubra el fondo y los lados de un molde para hornear de 8 por 12 pulgadas con 1 cucharada de mantequilla derretida.
d) En un tazón hondo, mezcle la sémola y 3 tazas de azúcar hasta que estén bien combinados. Revolviendo constantemente, vierta hasta ¾ de taza de agua, unas pocas cucharadas a la vez, usando solo lo suficiente para humedecer toda la sémola. Cuando la mezcla se vuelva demasiado resistente para removerla, trabaje en el agua con las manos. Luego agregue 8 cucharadas (« taza) de

mantequilla derretida, una cucharada a la vez, y bata con una cuchara grande hasta que se absorba.

e) Vierta la masa en el molde para hornear y, con una espátula de metal o el dorso de una cuchara, extiéndala uniformemente en las esquinas del molde.

f) luego, con un cuchillo afilado y una regla, marque la superficie en forma de diamantes haciendo líneas paralelas con una separación de aproximadamente 2 pulgadas y una profundidad de ½ pulgada, luego cruce las diagonales para formar diamantes. Presione suavemente una mitad de almendra en el centro de cada diamante. Cepille el pastel con 3 cucharadas de mantequilla derretida y hornee en el horno medio durante 1 hora, o hasta que el pastel esté firme al tacto y la parte superior esté delicadamente dorada.

g) Retire el pastel del horno e inmediatamente rocíe el almíbar sobre la parte superior, una cucharada o dos a la vez. Use solo la cantidad de jarabe que la torta absorba fácilmente; debe estar suave pero no empapada. Deje que el pastel se enfríe a temperatura ambiente antes de servirlo.

96. Postre de sémola y leche

Rinde: 1 porciones

INGREDIENTES:
- 125 gramos de anacardos
- 3 cardamomos
- 75 gramos de manteca
- 12 pasas de 5 g
- 250 gramos de sémola
- 250ml Leche
- 125 gramos de azúcar
- 3 cucharaditas de agua de rosas
- ½ cucharadita de esencia de rosas

INSTRUCCIONES:
a) Picar los anacardos en trozos grandes y triturar los cardamomos. Calienta el ghee y fríe los anacardos hasta que estén dorados. Escurrir y retirar. Freír las sultanas en el mismo aceite, escurrir y retirar.
b) Agregue la sémola a la sartén y tueste a fuego moderado hasta que esté dorada. Calentar la leche en otra cacerola, agregar el azúcar y cuando se haya disuelto verter sobre la sémola.
c) Cocine hasta que el líquido se haya absorbido, mezcle bien y agregue los anacardos, el cardamomo, las sultanas, el agua de rosas y la esencia de rosas. Revuelva bien.

97. Halva (caramelo de sémola)

Rinde: 60 caramelos

INGREDIENTES:
- 1 taza de aceite de oliva
- 3 tazas de sémola
- 2 tazas de azúcar
- 3 tazas de leche; combinado con 1 taza de agua

INSTRUCCIONES:
a) En una sartén pesada de 10 a 12 pulgadas, caliente el aceite a fuego moderado hasta que se forme una ligera neblina encima.
b) Vierta la sémola en un chorro lento y delgado, revolviendo constantemente.
c) Reduzca el fuego a bajo y, revolviendo de vez en cuando, cocine a fuego lento durante 20 minutos, o hasta que se haya absorbido todo el aceite y la comida adquiera un color dorado claro.
d) Agregue el azúcar y luego agregue gradualmente la mezcla de leche y agua.
e) Continúe cocinando durante unos 10 minutos más, revolviendo constantemente hasta que la mezcla esté lo suficientemente espesa como para mantener su forma casi sólida en la cuchara.
f) Esté atento a cualquier signo de quemado y regule el calor en consecuencia.
g) Vierta la halva en una fuente para hornear sin engrasar de 6 x 10 x 2 pulgadas, extendiéndola y alisando la parte superior con una espátula de metal o con el dorso de una cuchara.
h) Enfriar hasta que esté firme. Justo antes de servir, corte el halva en cuadrados de 1 pulgada.

98. Budino de sémola con compota de bayas

Rinde: 1 porciones

INGREDIENTES:
- 4 yemas de huevo
- ¾ taza de azúcar
- ½ cucharadita de extracto de vainilla
- 4 onzas de mantequilla derretida
- ¾ taza de leche
- ¼ taza de harina de sémola
- ⅓ taza de harina de pastel
- 4 claras de huevo
- 1 cucharada de azúcar
- 1 taza de compota de bayas;
- 1 pinta de moras; arándanos, fresas
- 3 cucharadas de agua
- 2 cucharadas de azúcar

INSTRUCCIONES:
a) Precaliente el horno a 325 grados.
b) Agregue las yemas de huevo y el azúcar al tazón de un procesador de alimentos y, con el accesorio de paleta, bata hasta que comiencen a formarse cintas. En este punto, añade la vainilla, la mantequilla y la leche.
c) Tamizar la sémola y la harina de pastel juntos y batir en la mezcla de huevo.
d) En un recipiente aparte, bata la clara de huevo y el azúcar hasta que se formen picos medianos y suaves.
e) Doble las claras en la masa y vierta en moldes azucarados. Cubra con papel de aluminio.
f) Hornear al baño maría hasta que cuaje. Sirva ligeramente tibio con crema batida y compota de bayas.
COMPOTA DE BAYAS:
g) En una cacerola mediana a fuego medio, cocina las bayas en el agua con el azúcar hasta que estén blandas. Enfriar y servir encima del Budino.

99. Sémola azafrán y pistacho helva

Rinde: 6 porciones

INGREDIENTES:
- ½ cucharadita de Azafrán en hebras
- 2 cucharadas de leche caliente
- ⅓ taza de pistachos sin sal sin cáscara
- 9 cucharadas de mantequilla sin sal
- 1 taza + 2 a 4 cucharadas de azúcar
- 2 tazas de leche
- 1 taza de sémola

INSTRUCCIONES:
a) Remoje el azafrán en la leche caliente durante al menos 30 minutos. Caliente una sartén pesada y tueste los pistachos con 1 cucharada de mantequilla durante 2 minutos, hasta que estén ligeramente tostados pero aún verdes. Retire toda la piel que pueda de ellos y reserve.

b) Disuelva el azúcar en la leche a fuego lento y mantenga la mezcla caliente. Derrita la mantequilla restante en una cacerola pesada, agregue la sémola y cocine, revolviendo, a fuego lento durante aproximadamente 8 a 10 minutos.

c) Revuelva la leche de azafrán en la leche azucarada caliente y agréguela a la sémola y cocine revolviendo vigorosamente. Retire la helva del fuego, cubra y deje reposar en un lugar cálido durante 15 minutos.

d) Incorpore los pistachos y sirva tibio o a temperatura ambiente en tazones.

100. Budín griego de sémola

Rinde: 4 porciones

INGREDIENTES
- 3 tazas de leche entera
- 1 taza (240 g) de azúcar granulada
- 1/4 taza (40 g) de harina de sémola fina
- 1 cucharada de maicena
- 2 huevos enteros
- 1 yema de huevo
- 1/4 cucharadita de sal
- 2 cucharaditas de extracto puro de vainilla
- 1 cucharada de mantequilla
- opcional: 1 cucharada de agua de azahar o agua de rosas
- Guarnación:
- pistachos picados
- cerezas marrasquino

INSTRUCCIONES
a) Agregue la leche, la sal y la mitad del azúcar a una cacerola. Coloque a fuego medio y cocine hasta que esté humeante.
b) En un tazón, combine los huevos, la maicena y el azúcar restante y mezcle hasta que quede suave.
c) Templa la mezcla de huevo agregando lentamente la leche humeante a la mezcla de huevo mientras bates.
d) Vuelva a verter la mezcla en la cacerola y vuelva a calentar a fuego medio. Cocine batiendo constantemente hasta que hierva y espese lo suficiente como para cubrir el dorso de una cuchara.
e) Retire la sartén del fuego y agregue la mantequilla, la vainilla y el agua de azahar. Batir juntos hasta que quede suave.
f) Divida el budín en tazas o tazones para servir y deje que se enfríe por completo.
g) Adorne con pistachos picados y una cereza marrasquino en el centro de cada taza de budín.

CONCLUSIÓN

Esperamos que hayas disfrutado de este viaje por el mundo de los platos a base de sémola. Ya sea que sea un cocinero experimentado o un principiante en la cocina, creemos que encontrará algo que le encantará en este libro de cocina. Con 100 recetas deliciosas y muchos consejos y trucos, podrás preparar un plato a base de sémola para cualquier ocasión.

La sémola es un ingrediente versátil que se puede usar tanto en platos dulces como salados, lo que la convierte en una gran adición a cualquier despensa. Desde tazones reconfortantes de polenta cremosa hasta exóticas ensaladas de cuscús, no hay límite para lo que puede crear con sémola. Entonces, ¿por qué no probar algo nuevo y ampliar sus horizontes culinarios? ¡Le garantizamos que el libro de cocina de sémola no lo decepcionará!

www.ingramcontent.com/pod-product-compliance
Lightning Source LLC
Chambersburg PA
CBHW070655120526
44590CB00013BA/965